ESTUDIOS TEOLÓGICOS
Y BÍBLICOS (ETB)

Entendiendo
la fe

Su naturaleza *y* propósito

JUAN C. DE LA CRUZ

Entendiendo la fe: Su naturaleza y propósito por Juan C. De la Cruz

Copyright © Juan C. De la Cruz, 2024

Ninguna parte de esta publicación puede ser reproducida, almacenada en un sistema de recuperación o transmitida en forma alguna por ningún medio, ya sea electrónico, mecánico, fotocopiado, grabado o de otro tipo, sin el permiso previo del editor.

Primera impresión febrero 2024 en Colombia

ISBN: 978-628-01-4182-4

A menos que se indique lo contrario, todas las citas bíblicas son tomadas de la. Versión Reina-Valera 1960, © 1960 Sociedades. Bíblicas en América Latina.

Monte Alto Editorial

www.montealtoeditorial.com

LIBROS DE LA SERIE

Sumario de Doctrina Cristiana Ortodoxa

Juan C. de la Cruz

*Ecología Bíblica: Una perspectiva ética cristiana
para la humanidad en el siglo XXI*

Benjamín Escobedo Araneda

*David Trumbull y la construcción de tolerancia religiosa:
Una odisea en el espacio público*

Benjamín Escobedo Araneda

*Entendiendo la fe
Su naturaleza y propósito*

Juan C. de la Cruz

TABLA DE CONTENIDO

Agradecimientos 9

Dedicatoria 11

Prólogo 13

Introducción 15

La cuestión de la fe y la justificación 18

Nuestra procura en este trabajo 23

Capítulo 1. Aclarando el malentendido que se suele tener respecto a la "*Sola fide*" 25

La *Sola Fide* de cara a las Cinco Solas 25

Una gracia espiritual revelada por Dios, pero a menudo empañada por los santos 28

El "por" y el "para" con respecto a la fe 31

Poniendo en contexto la doctrina de la sola fide 34

Capítulo 2. La fe por definición 39

Lo que no es la fe 39

Algunos textos que es necesario observar de cara a una teología bíblica de la fe 40

Algunos aspectos estadísticos sobre la doctrina de la fe en las Escrituras 43

El concepto de fe, gramaticalmente hablando 43

Una declaración de la fe 44

La fe es histórica 47

La fe según el más exquisito recuento teológico de la cristiandad 48

Capítulo 3. La naturaleza de la fe 65

Capítulo 4. El único objeto de la fe salvadora 71

Las Escrituras son el manual de la fe 75

Capítulo 5. Cómo y cuándo se adquiere la fe 79

Respecto a cómo nos viene la fe 79

Lo referente al orden en que nos viene la fe 83

Algunos asuntos sobre la obra del Espíritu que parecen confusos 84

Capítulo 6. La finalidad de la fe nuestra 87

La fe y nuestra voluntad 88

El fin de nuestra fe 91

La prueba de la fe 97

Capítulo 7. La doctrina de la salvación (Soteriología) 101

Las imágenes bíblicas de la salvación 103

¿Cómo acontece la salvación en el pecador? 106

La expiación 109

La redención 113

La regeneración o nuevo nacimiento 114

El llamamiento eficaz 118

El arrepentimiento para vida 120

La justificación 122

La adopción 125

La santificación 127

La perseverancia de los santos 129

El número de los redimidos 130

La procedencia y la longevidad de la salvación 131

La glorificación 133

La fe y la salvación conectadas 135

¿Podrían los redimidos perder la salvación? 141

Capítulo 8. La relación que tiene la fe con nuestra cotidianidad 147

La fe activa una esperanza viva en el creyente 148

La fe es la generatriz del amor por el cual hacemos las obras de misericordia 149

La fe fortalece y cubre al creyente en la batalla que libra 149

La fe nos faculta para ser agradables a Dios mientras aguardamos sus promesas 151

La fe preserva al creyente en su caminar con Dios 152

La fe infunde coraje y denuedo en la misión y el ministerio de los creyentes 153

Capítulo 9. Los nexos entre la fe, el amor y las obras de misericordia 155

El amor: qué es, cómo es, y qué no es 157

¿Tiene que ser el amor verdadero obligatoriamente un don de Dios? 157

El mandato de Dios a sus criaturas 160

¿Cómo puede alguien saber con seguridad, mientras aún vive, que pertenece a Dios? ¿Es esto posible? 161

¿Cuál es entonces el nexo entre el amor y la fe? 164

Delimitando el amor 169

Un modelo perfecto 170

Capítulo 10. Por qué es necesaria la fe en esta vida 173
Algunos ejemplos en la historia bíblica 173
Algunos ejemplos en la historia cristiana 175
Algunas conclusiones 179
Bibliografía general 184

AGRADECIMIENTOS

Agradezco, después de a Dios, a mi amada esposa, la Dra. Anabel Santos, porque en su inmerecido amor hacia mi persona me concede el privilegio de que yo pueda tener tiempo a solas. Gracias por tu apoyo incondicional.

Agradezco los aportes del Dr. Juan J. Pérez, rector de la Academia Ministerial de la Gracia, por tres asuntos, primero por darme la confianza de modelar este contenido en su academia; segundo, por leer y corregir minuciosamente el manuscrito de este libro; tercero, por encontrar cierto valor en el material que me motivó a pulirlo y publicarlo.

Agradezco a mis profesores del Southeastern Baptist Theological Seminary, especialmente al Dr. Chick McDanniel, por su motivación a que siguiera escribiendo, además de su exquisita cátedra de Antiguo Testamento en la que aprendí principios inolvidables. Entre otros, agradezco al Dr. Echevarría, también del Southeastern, por permitirme trabajar este tema como "Paper" de grado, a la vez que corregirlo y calificarlo de excelente.

Agradezco también las preguntas que me han hecho mis estudiantes de teología, que me motivaron a profundidad en este tema.

También agradezco la motivación de algunos amigos y colegas a seguir escribiendo, aunque algunos de mis libros han sido un fracaso, a juzgar por su volumen de salida, incluyendo algunos de los que más me han apasionado, como es el caso de "La 'Ética' de Jesús".

A nuestro buen Dios y Salvador Jesucristo gracias por habernos dejado el universo en el cual hurgamos, cavando más profundo, para poder beber de sus infinitos tesoros, a saber, la Biblia; y al Espíritu por el Don de la Fe.

Gracias al Dios y Padre de todos por su don incomparable.

DEDICATORIA

Dedico esta obra de modo muy especial a mis dos hijos, Christ y Carlos, a mis estudiantes del *Southern Baptist School* (Seminary), del SeTeBLA, de la Academia Ministerial de la Gracia, así como a los pastores, ancianos, ministros y diáconos que sirven conmigo en el Sagrado Ministerio.

Oro que este tratado sea de gran ayuda a los buscadores sinceros de la verdad en el universo de las Sagradas Escrituras, al margen del universo especulativo humano.

PRÓLOGO

Sola fide (solo por fe) fue una de las respuestas de la reforma protestante a la doctrina católicoromana de la justificación por la fe y las obras.

Partiendo de nuestra fuente de autoridad, *"sola Scriptura"* (solo las Escrituras), los reformadores insistieron en que la justificación o aceptación delante de Dios es únicamente por medio de la *"sola Fide"* (sola fe) en *"solus Christus"* (solo Cristo), sin las obras de la ley. Y precisamente porque nuestras "buenas" obras no cuentan dentro de la ecuación soteriológica de la justificación, toda jactancia personal queda excluida. Es por eso que es por fe sola, para que sea por *"sola Gratia"* (solo por gracia) y no quede otra cosa que decir, excepto *"soli Deo gloria"* (solo a Dios la gloria).

Ahora bien, en esta obra: *"Entendiendo la Fe"* mi querido hermano y compañero de milicia, el Dr. Juan Carlos de la Cruz, demuestra a través de varios credos ortodoxos que se han formulado a través de toda la historia de la iglesia que el énfasis en el estudio de la fe ha estado más en su función como medio para la justificación que en su naturaleza misma (como dogma y como capacidad). Y este descuido no intencional en no prestar la suficiente atención a la naturaleza de la fe ha tenido repercusiones negativas, después de todo, como bien resalta el autor, la vida cristiana no solo inicia por fe, sino que también continua por fe y termina por fe, pues como está escrito, "el justo vivirá por la fe". (Romanos 1.17; cf. Gálatas 3.1-5).

Si es así, entonces la fe no solo es el medio inicial por el cual recibimos la justicia positiva de Cristo que resulta en nuestra justificación, sino también el medio continuo por el cual, enfocados en las promesas de Dios y teniendo como fundamento la fidelidad de Dios, recibimos el poder del Espíritu Santo para nuestra santificación, lo cual se evidencia por medio de una vida llena de frutos y de las buenas obras de amor.

Con mucho agrado invito al lector cristiano, principalmente a los pastores y maestros, a aprovechar esta obra y a utilizarla, no solo para profundizar en su conocimiento sobre la naturaleza bíblica de la fe, sino también para ampliar y actualizar nuestras declaraciones de fe, dejando así un legado más completo a las generaciones venideras, no solo en la teoría, sino también en la práctica.

¿Qué más decir?

"Nōn nōbīs, Domine, nōn nōbīs, sed nōminī tuō dā glōriam".

Juan José Pérez (MD, PhD Cand.)

Pastor de la Iglesia Bautista de la Gracia, Santiago, R.D.

Rector de la Academia Ministerial de la Gracia.

Julio, 2018.

INTRODUCCIÓN

La doctrina de *la fe* y su procura, *la salvación* (por la fe solamente), han sido el centro de atención de las fuerzas del mal desde que Dios dio la promesa (a Adán y Abraham), y más aún después del cumplimiento de dicha promesa.

En los días del Génesis, la Serpiente Antigua procuró tergiversar la fe, sugiriéndole a nuestros primeros padres que Dios estaba equivocado en lo que les había dicho. Aquella misma infernal criatura intentó socavar la fe de Noé, la fe de Abraham, la fe de los Padres, la de Moisés y la fe de Israel en diferentes formas y con distintas estratagemas engañosas.

En el Nuevo Testamento vemos a Cristo denunciando de antemano la futura proliferación de los tergiversadores de la fe que emergerían después de su partida, serían falaces que no tendrían parte en el Reino de Dios. Esta generación es testigo de bandadas de ellos. El famoso texto de Mateo 7.21 es icónico aquí:

"No todo el que me dice: Señor, Señor, entrará en el reino de los cielos, sino el que hace la voluntad de mi Padre que está en los cielos".[1]

Sin echar a un lado el tratado de la doctrina del "Señorío de Cristo" en el pasaje antes citado, lo cierto es que este pasaje se centra en la desgracia de tener una *fe espuria*. En suma, te deja saber que habrá muchos "creyentes" falsos en la historia de la fe.

---

1 *Ver* Lucas 13.25–27.

Santiago, en su carta, rompe los moldes cuando en sus días denuncia a un grupo de libertinos que se mofaban de la fe muerta de ellos, la cual no engendraba las obras de justicia que caracterizan a todos los santos.

También Pablo se sorprendió de que tan pronto algunos en sus discípulos se habían apartado del camino, tergiversando la fe para ellos mismos y trastornando la fe de otros, generalmente por lucro. Entre otras menciones del citado apóstol, pesa el caso de los gálatas insensatos, y los casos de Himeneo, Fileto y Alejandro en Éfeso. Hay ejemplos tras ejemplos a través de todo el Texto Sagrado, incluso en el Antiguo Testamento cuando la doctrina de la fe estaba en pañales, de los feroces y despiadados intentos de las fuerzas del mal de tergiversar la fe y la verdad, y por tanto los propósitos divinos.

En la historia cristiana post apostólica no ha sido menos la lucha. De hecho, en el presente, este asunto está vinculado a un gran descuido del estudio de la fe, y un vuelco masivo hacia una búsqueda de experiencias personales en la religión. Estas realidades adversas, entre muchas otras, convierten en primordial una comprensión cristalina de la fe, así de su naturaleza y procedencia, de su finalidad, de su lugar entre las doctrinas, y nuestra necesidad de la fe. Calvino escribió sobre esto así:

> "El fin último de la fe es Cristo. Queda ahora por considerar con toda atención cómo ha de ser esta fe, por medio de la cual todos los que son adoptados por Dios como hijos entran en posesión del reino celestial. Claramente se comprende que *no es suficiente en un asunto de tanta importancia una opinión o convicción cualquiera.* Además, *tanto mayor cuidado y diligencia hemos de poner en investigar la naturaleza propia y verdadera de la fe, cuanto que muchos hoy en día con gran daño andan como a tientas en el problema de la fe.*

En efecto, la mayoría de los hombres, al oír hablar de fe no entienden por ella más que dar crédito a la narración del

Evangelio; e incluso cuando se disputa sobre la fe en las escuelas de teología, los escolásticos, al poner a Dios simplemente como objeto de fe, extravían las conciencias con su vana especulación, en vez de dirigirlas al fin verdadero".[2]

La fe es una cuestión muy seria, trata de Cristo, quien es "el Camino, la Verdad y la Vida", "la luz del mundo", en quien "está la vida"; sin Él nadie verá jamás al Padre. Se trata de un asunto de vida o muerte. No se debe ni descuidar ni trivializar esta doctrina. Sus enemigos han sido, son y serán muchos, con el Diablo a la cabeza, por supuesto. De ahí la urgencia y pasión que deberíamos imprimir a esta doctrina.

Por otra parte, y para colmo, es ciertísimo que al realizar una lectura comprensiva llana de las Escrituras pareciera que hay una paradoja en lo concerniente a la fe. Esto está anclado intrínsecamente, sin duda alguna, a los devastadores efectos que el pecado ha causado en materia del entendimiento y la comprensión de las cosas espirituales; como también al propósito misterioso de Dios de velar los asuntos del Reino a los réprobos.

En esta materia, las cosas se complican muchísimo más aun cuando leemos a los padres. Agustín, por ejemplo, hablaba de una "justificación progresiva", con lo cual complicó la fraseología teológica.

El tema se torna aún más confuso cuando analizamos la determinación del gran reformador, Martín Lutero, por ejemplo, en su tratamiento a la carta de Santiago, entre otros escritos bíblicos, tildándola antojadizamente de "no inspirada".

El panorama se vuelve algo más sombrío al leer a Horatius Bonar, un clérigo de la iglesia libre de Escocia muy reputado del siglo XIX, quien le imprime un sentido de pequeñez y casi insignificancia a la fe en algunos de sus sermones y escritos. El panorama no se esclarece al considerar los trabajos de Edwards y Wesley, por el contrario, se pone difuso en el horizonte.

Toda la evidencia da razones tanto de la complicación de la doctrina de la fe en sí misma, como de la urgencia de un cuidadoso

---

2 Calvino, Juan. Institución. Tomo I, pág. 405. (Énfasis mío)

análisis de nuestra parte para no estampar de confusa ni paradójica la verdad. Charles Spurgeon decía:

> "La fe es la cosa más sencilla del mundo, y tal vez por esta misma sencillez sea más difícil la explicación".[3]

La razón de nuestra enfática preocupación, sobre otras razones, es debido a que la doctrina de la fe, la doctrina de Cristo y la doctrina de la salvación son inseparables en su fin. La salvación, que es por gracia, es por medio de la fe, no una fe cualquiera, sino "la fe en Jesucristo".[4]

Pero, ¿es la doctrina de la fe realmente paradójica? ¿Estaban los reformadores y los romanistas en el Concilio de Trento, por ejemplo, en diferentes páginas al final de la historia? ¿Provee la Escritura suficientes elementos para que nosotros lleguemos a formular la doctrina de la fe de forma cristalina y comprensible? Procuraremos responder aquí estas y otras buenas y sustanciosas preguntas sobre la fe salvadora.

LA CUESTIÓN DE LA FE Y LA JUSTIFICACIÓN

En nadie debe haber duda alguna, como solía decir Andrew Fuller, que "la fe es una gracia especial entre las otras gracias que opera en el corazón renovado".[5] Estas son las palabras de Fuller al respecto:

> Así es que la justificación se atribuye a la fe, porque es por la fe que recibimos a Cristo; y así es solo por fe, y no por ninguna otra gracia. La fe es peculiarmente una gracia receptora y ninguna otra lo es. Si dijéramos que somos justificados por el arrepentimiento, el amor o cualquier otra gracia, transmitiríamos la idea de que algo bueno en nosotros sea la consideración sobre la cual se otorgó la bendición; pero la justificación

---

3 Spurgeon, C. H. *Solamente por Gracia*. Pág. 18.
4 *Ver* Efesios 2.8.
5 Piper, John. *Andrew Fuller*. Pág. 51.

SU NATURALEZA Y PROPÓSITO

por la fe no transmite tal idea. Por el contrario, lleva la mente directamente a Cristo, de la misma manera se pudiera decir de una persona que sobrevive de pedir, lo cual lo conduce a la idea de que vive de lo que recibe gratuitamente.[6]

No se dice de ninguna otra gracia divina, excepto de la fe, que por ella se otorga la salvación, la justificación y la regeneración. Esto debe llamar ampliamente nuestra atención.

Es mediante la gracia de la fe que nos es otorgada amplia entrada al reino de Dios, por la cual también somos salvos, justificados y regenerados. Calvino, incluso, llegó a sugerir que "la fe" engendra las demás virtudes de gracia como el amor y el gozo.[7]

Para Lutero la enseñanza de *"la justificación por la fe solamente*, era el principio sobre el cual la iglesia se levanta o se cae".[8] Alusivo a esto escribió el Dr. Miguel Núñez:

"En cierta manera esta doctrina [de la justificación por la fe sola] es la columna vertebral de la fe cristiana".[9]

Esta doctrina es el "talón de Aquiles" para la fe de Roma. En la fe Bíblica, la salvación es solamente por gracia, por medio de la fe en Jesucristo. Para los Católicos Romanos, la salvación se "logra" mediante una ecuación de por lo menos tres factores, a saber:

[La Salvación = la gracia[10] + la fe[11] + las obras]

Para Roma, la salvación no es sólo una ecuación multifactorial donde tanto Dios como el hombre juegan partes importantes, sino que,

---

6 Piper, John. *Andrew Fuller*. Pág. 51.
7 *Ver*: Garrett, J. L. Teología Sistemática. Tomo II, pág. 252.
8 Núñez, Miguel. *Enseñanzas que transformaron al mundo* (Citando a Michael Horton). Pág. 59.
9 *Ibidem*.
10 La gracia es algo divino que descansa sobre el magisterio y la administración de "la iglesia", impartida o infundida mayormente por los sacramentos (los 7 sacramentos, administrados por el clero, infunden gracia, según la fe de ellos).
11 Una concepción generalmente pelagiana sobre la fe, la fe es vista como generada por el individuo.

para colmo de los colmos, la iglesia, a través de su complicada estructura clerical, se postula como "la administradora de esa gracia", en manos del magisterio, con el Papa de Roma como su líder supremo. Es decir, que Roma hace a los hombres los administradores y rectores de la fe. ¡Esto es el colmo de las herejías de Roma!

Pero, señores, la fe bíblica debe concluir que:

"El justo por la fe vivirá".[12]

Resulta enfática la conclusión paulina aquí:

"Concluimos, pues, que el hombre es justificado por la fe [sola], sin las obras de la ley".[13]

Esta es la doctrina principal que condujo a Lutero a la salvación, según su propio testimonio, y fue el detonante que produjo el rompimiento definitivo de la iglesia de Alemania con Roma, y así siguió el cisma por casi toda Europa y el mundo, hasta nuestros días.

Estas realidades nos presentan un panorama de que estamos frente a una doctrina delicada y difícil de discernir como tal. No que sea difícil, como bien nos hizo saber el famoso pastor inglés Charles Spurgeon que dijo: "La fe es la cosa más sencilla de todas las cosas del mundo, y quizás por su sencillez sea más difícil explicarla".[14] Dijo que casi todo cuanto había leído sobre el tema era complicado.

Varios aspectos han complicado esta sencilla doctrina. Sobre esto se pronunció el archiconocido teólogo reformado americano del siglo XIX, Charles Hodge, al escribir:

"Para el teólogo y para el cristiano práctico es indispensable tener ideas claras y correctas sobre *esta cuestión de especial di-*

---
12 Romanos 1.17.
13 Romanos 3.28. (Énfasis mío)
14 Spurgeon, C. H. Totalmente por Gracia. Cap. 8.

ficultad. Dificultad que surge en parte por la naturaleza de la cuestión; en parte por el hecho de que el uso ha dado al término fe tantos significados diferentes; en parte por las definiciones arbitrarias que le han dado los filósofos y teólogos; y en parte por la gran diversidad de aspectos bajo la que es presentada en la Palabra de Dios".[15]

Pero, señoras y señores, fue la doctrina de la *"sola fide"*, enfocada en la *"justificación"* que viene por ella, la fe puesta *"solus"* en *"Christus"*, la que hizo que Roma reaccionara rápida y aguerridamente en su "Contra-Reforma", con sus resoluciones en el Concilio Tridentino (celebrado en tres etapas entre 1545-1563, en la ciudad italiana de Trento), contra la bandera que ondearon muy en alto Lutero y los reformadores: *"la justificación por la fe sola".*

En Trento decretaron los romanistas:

"Si alguno dijere que el impío se justifica por la sola fe, de modo que entienda no requerirse nada más con que coopere a conseguir la gracia de la justificación y que por parte alguna es necesario que se prepare y disponga por el movimiento de su voluntad, sea anatema. (Canon 9).

Si alguno dijere que los hombres se justifican o por la sola imputación de la justicia de Cristo o por la sola remisión de los pecados, excluida la gracia y la caridad que se difunde en sus corazones por el Espíritu Santo y les queda inherente; o también que la gracia, por la que nos justificamos, es solo el favor de Dios, sea anatema. (Canon 11)".[16]

---

15 Hodge, C. Teología Sistemática. Tomo II, pág. 305. (Énfasis mío)
16 Consulte aquí: http://www.iglesiapueblonuevo.es/index.php?codigo=historiap167. (Énfasis mío)

La postura patrística en general, especialmente el desarrollo de Agustín de Hipona sobre la "justificación progresiva", es de lo que se aferró Roma en Trento. Agustín es una pieza clave para católicos, luteranos y reformados. Ambos (católicos, luteranos y reformados) reclama al Monge africano como su precursor, y en ciertas cuestiones, ciertamente lo fue.

En esencia, según la enseñanza católica la *gracia justificante* es un don puro de gracia, lo cual es una herencia de Agustín. El mérito (*meritum de condigno*) está basado en la *gracia santificante*, mientras que la acción correspondiente del hombre es recompensada por la infusión de la *gracia justificante* (*meritum de congruo*)".[17]

Thomas Schreiner, en el capítulo uno de su fresco y exquisito trabajo "*Faith Alone*", demuestra que, si bien es cierto que en consenso los Padres no tenían una resolución como la luterana y la reformada en materia de la justificación por la fe, no obstante, sí hubo algunos de los primeros Padres que estuvieron muy claros sobre la doctrina de la "justificación por la *sola fide*". Cita, entre otros, a Clemente:

> "…Y así nosotros, habiendo sido llamados por su voluntad en Cristo Jesús, no nos justificamos a nosotros mismos, o por medio de nuestra propia sabiduría o entendimiento o piedad u obras que hayamos hecho en santidad de corazón, sino por medio de la fe, por la cual el Dios Todopoderoso justifica a todos los hombres que han sido desde el principio; al cual sea la gloria para siempre jamás. Amén".[18]

Lutero y los reformadores apenas encontraron apoyo en los padres sobre su hallazgo en las Escrituras de la doctrina de "la justificación por la *sola fide*", pero al menos lo hubo. Lutero estaba consciente de aquello contra lo cual levantaba baluarte.

Thomas Schreiner[19] hace notar que siendo que el tema de los

---

17   Consulte aquí: http://www.iglesiapueblonuevo.es/index.php?codigo=enc_justificacion
18   Clemente. Epístola a los Corintios XXXII: http://cafaalfonso.com.ar/objetos/clemente_romano.pdf. (Énfasis mío)
19   *Op. Cit. "Faith Alone"*.

Padres no era la justificación por la fe, sino regularmente las controversias cristológicas, es anacrónico buscar apoyo en ellos sobre este asunto. Agustín si tuvo una causa para disertar sobre la justificación, a saber, las feroces controversias con Pelagio.

NUESTRA PROCURA EN ESTE TRABAJO

Toda esta discusión nos aclara el panorama de que, si bien la fe ha sido excelentemente comprendida en lo que concierne a sus fines y resultados, que en suma refiere que una persona se apropia a través de ella de *la Redención* misma; al mismo tiempo, ha sido relegada al baldo del olvido en lo que concierne a su comprensión como doctrina por sí misma, aunque ha habido unos pocos paladines que han navegado en estas aguas, pero no de forma concluyente, creemos. *De esto procuramos ocuparnos en este trabajo. Partimos desde la premisa de que 'al aclarar las cuestiones sobre esta doctrina de la fe, comprenderemos mucho mejor las doctrinas salvadoras' que se obtienen de Dios por sus múltiples dones que son engendrados en el hombre por la fe solamente, como fruto de la gracia y la elección divina, dispuesta antes de los tiempos de los siglos en la sola potestad y el propósito eterno del Único y Sabio Dios.*

En este tratado presentamos ciertos asuntos que los creyentes, y sin defecto alguno los pastores del rebaño y profesores de teología, deberíamos considerar y comprender sobre la fe; a la vez que una propuesta a considerar la fe en su justa dimensión, proponiendo que debemos entender la fe como 'algo', si se quiere, una 'sustancia', y no solo como un tema relegado al plano de lo metafísico y cognitivo. Disertamos también sobre las doctrinas de la salvación, por supuesto, y sus nexos con la fe.

¡Que Dios nos ayude!

CAPÍTULO 1

ACLARANDO EL MALENTENDIDO QUE SE SUELE TENER RESPECTO A LA "SOLA FIDE"

"La justificación es atribuida a la fe, principalmente a causa de Cristo, y no porque la fe sea obra nuestra, sino don de Dios".[1]

La expresión misma "*sola fide*" puede ser mal entendida; de hecho, a menudo ha sido. Se ha abusado de la fe en cuanto a *lo que es, su procedencia y sus logros*.

LA *SOLA FIDE* DE CARA A LAS CINCO SOLAS

La *sola fide* es una de las columnas que conforman las famosas Cinco Solas de la Reforma.

Las Cinco Solas son el fruto de la reflexión y la sistematización teológica, confeccionadas y nombradas así en generaciones posteriores a la reforma. Comenzó a gestarse especialmente a partir del Concilio de Trento, a razón de quienes sistematizaron la fe del movimiento de reforma. De hecho, como hace constar Magni: "Las Cinco Solas no se encuentran como tales en ningún escrito de los reformadores; recién en el siglo XX han sido articuladas de forma sistemática, y fue Johann Baptiste Metz quien las propuso, en 1965, tal como las conocemos hoy. Estas declaraciones tampoco agotan los aportes de la teología de la Reforma. Para evitar utilizarlas como eslóganes vacíos es necesario entenderlas, como sugiere Svensson, como "parte de un entramado teológico mayor".[2]

---

[1] Bullinger, Enrique. Tomado de la Segunda Confesión Helvética, 5.109, pág. 82 del "Libro de Confesiones" de la Iglesia Presbiteriana (EUA).
[2] Amgi, Lucas: "Transformar la fe para cambiar al mundo". (www.academia.edu)

Los famosos eruditos John Wycliffe (1320-1384), doctor en teología de Oxford (en 1372) y rector y profesor de la universidad de Lutterworth; y Jan Hus (1373-1415), bohemio, sacerdote ordenado y nombrado rector de la capilla de Belén, Praga, profesor de la Universidad de Praga, prolífero escritor, que se convirtió en un famoso predicador en Praga y por toda Bohemia;[3] son grandes ejemplos pre-reforma de hombres de genio, tacto y temple que izaron muy alta la bandera de la fe ortodoxa. Sus escritos exhalan la esencia de "las solas". Sus posturas, en contra de las tradiciones de la religión establecida de entonces, le costó la vida en la hoguera al segundo, y la exhumación al primero.

También los Valdenses, Petrobrusianos y otras personas y movimientos pre-reformistas expusieron la mayoría de las "Solas" en sus escritos y sermones. Y, aunque un tanto difuso, hubo también pinceladas importantes en los escritos de los Padres, como demostró Schreiner.[4] Note, por ejemplo, la siguiente cita:

> Jan Hus había recibido de John Wycliffe, eso sí, el principio de que "LA ESCRITURA ES LA REGLA SUPREMA" en materia de "fe", y también que "la única cabeza de la iglesia es Cristo".[5]

Wycliffe, en su tratado "El Reino de Dios", escribió:

"El Evangelio es la única fuente de la religión verdadera".[6]

Escribió también en el mismo tratado:

"La Escritura, por sí sola, es verdadera".[7]

---

3 *Ibidem*. Págs. 24-27.
4 *Op. Cit.*
5 Estep, W. R. Opus Cit. Pág. 27.
6 Broadbent, H. E. La Iglesia Peregrina. Pág. 146
7 Broadbent, H. E. La Iglesia Peregrina. Pág. 146.

Y no es justo pensar que la sana doctrina (o la ortodoxia cristiana) sobre los asuntos soteriológicos sea un logro de los reformadores magisteriales en sí. El mismo Lutero, inmerso en la reforma, escribió a Splatino en 1520 lo siguiente:

"Hasta ahora, aunque inconsciente, he proclamado lo mismo que Hus predicó y sostuvo. Jan Staupitz también sostuvo lo mismo inconscientemente; en una palabra, todos somos Husitas y no lo sabíamos. ¡Lo mismo Pablo y Agustín son Husitas en todo el sentido de la palabra! Consideren la horrible miseria que nos sobrevino por no aceptar al doctor bohemio como nuestro líder".[8]

Es decir, Lutero está dando crédito, y con justicia, a Hus, el pre-reformador bohemio que vivió un siglo antes que él, por haber sistematizado las doctrinas esenciales que enarbolaba la reforma de Lutero. Hus, a su vez, aprendió de Wycliffe.

Notemos lo que investigó Donald L. Roberts en su amplio artículo bibliográfico "*John Wycliffe and the Dawn of the Reformation*":

"Como una posdata a su vida, debe notarse que Wycliffe murió oficialmente ortodoxo. En 1415 el Concilio de Constanza quemó a Jan Hus en la hoguera, y también condenó a John Wycliffe en 260 cargos diferentes".

La *sola fide* ha sido sostenida por un sinfín de hombres piadosos y de renombre mundial.

Recordamos con honores a Balthasar Hübmaier de Austria. Se licenció y obtuvo su Maestría en Artes en Friburgo; y en 1512 (el mismo año que Lutero) se doctoró en teología en la universidad de Ingolstadt. Balthasar fue ordenado al Sacerdocio, y fue vice-rector de la Universidad de Ingolstadt, y también capellán y predicador de la

---

8 *Ibidem*. Pág. 161.

capilla de dicha institución educativa.⁹ Fue un predicador muy famoso y de gran éxito en Ingolstadt, Regensburgo y Waldshut, ciudades austriacas en días de Federico I; también predicó en Nikolsburg, Moravia. Visitó Basilea, donde tuvo contacto con Anselmo y Glarean.

Entre 1522 y 1524 emprende la causa reformada por la línea radical. De hecho, sus escritos fueron tan influyentes que unos 100 años después (en 1616) figuraron en la lista de libros prohibidos (*Index Librerum Prohibitorum*) que promovió la Inquisición española, sólo junto a Lutero, Zwinglio y Calvino.¹⁰

Los líderes principales de la reforma radical suiza y alemana (con sus estados) fueron hombres de mucha letra y sobrado testimonio público piadoso. Así Conrad Grebel, Felix Manz, George Blaurock, el citado Balthasar Hübmaier, Hans Denck, entre otros cientos de ellos. El mismo Menno Simons fue un excelente predicador y un prolijo escritor.

O sea, que aun en los días grises y oscuros de la cristiandad, la verdadera ortodoxia ha brillado, incluso en la edad oscura.

Entonces, ¿Por qué *sola fide*? Y ¿Por qué justificación sólo por la fe? Estos son los asuntos que nos toca aclarar aquí.

UNA GRACIA ESPIRITUAL REVELADA POR DIOS, PERO A MENUDO EMPAÑADA POR LOS SANTOS

Fue justamente contra el generalizado malentendido sobre la fe que Santiago (anciano de la primera iglesia de Jerusalén y hermano del Señor) escribió una carta canónica.

El énfasis del gran Lutero, más que aclarar, en ocasiones tiende a complicar el asunto. La explicación luterana de *sólo la fe* no implica que la fe viene sola, establece que la fe sola es la que justifica al pecador, sin necesidad de las obras de la ley. Los escritos de Lutero son excelentes y claros. La dificultad emerge inconscientemente en el sobre énfasis impreso en procura de la causa contra la que luchaba, a

---

9 Broadbent, H. E. *La Iglesia Peregrina.* Págs. 58, 59.
10 Estep, W. R. *Opus Cit.* Pág. 69.

saber, el romanismo.

Hay que aclarar también aquí que en Romanos 3.19ss (*cf.* 3.28) el tema de Pablo no es 'la doctrina de la fe', sino 'la justificación por la fe en Cristo solamente'. Es decir, el tema no es '*sola fide*', sino, "la justificación por la fe solamente". De ahí su:

"*Concluimos pues que el hombre es justificado por la fe, sin necesidad alguna de las obras de la ley*".

Por otra parte, Santiago en su carta (cap. 2), sí aborda la doctrina de la fe, atendiendo a la *praxis* que engendra en sus poseedores. De ahí su:

"*Muéstrame tu fe sin obras, y yo te mostré mi fe por mis obras*".[11]

De hecho, el tema de Pablo en Romanos 3 es "la justificación", que es "por la fe en Jesucristo solamente"; mientras que el tema de Santiago en su carta (cap. 2) es "la manera como se manifiesta la fe de los verdaderos creyentes", a saber, "por sus obras".

¿Cuál es el mito y el malentendido entonces? El mito es creer que: "la fe está sola"; cuando la realidad es: "*la fe sola [en Cristo Sólo]* justifica el pecador que la ejerce". Los amonestados por Santiago estaban creyendo un error fatal, a saber, "la fe está sola". Pelagio cometió el craso error de pensar que "la fe" es de procedencia humana. Incluso, Pelagio decía que las facultades del alma quedaron intactas a pesar de la caída, junto con otras facultades humanas, puesto que la caída solo afectó a Adán. De ahí su: "el hombre actual es totalmente libre para el bien o para el mal, pudiendo por su propia fuerza evitar todo pecado y alcanzar la salvación eterna".[12] Esto representa un doble error pelagiano. Tristemente, en la misma onda, los tridentinos pensaron que "la fe sola [en Jesús Sólo] no es capaz ni suficiente de justificar al

---

11 Santiago 2.18b.
12 Lacueva, Francisco. Doctrinas de la Gracia. Pág. 41.

pecador".

Nuestra procura aquí no es un tratado sobre la justificación, sino sobre el canal por el cual el hombre es justificado, a saber, "la fe sola, en Jesús sólo". El grito teológico bíblico sobre la fe está bien claro en el aforismo de John Owen:

"Somos justificados por la fe sola, pero no por una fe que está sola".[13]

Y se esclarece mucho más por la postura de Jonathan Edwards que escribió:

"La fe es aquello en nosotros por lo cual somos justificados... Las obras expresan nuestra fe, y por ello podemos decir que una persona 'no es justificado por la fe sola, sino también por obras'".[14]

Edwards está enfatizando la doble cara del don de la gracia, "la fe acompañada de las obras de justicia", obras que Dios preparó de antemano para que 'los de la fe' anduviésemos en ellas.[15]

Creo que la deficiencia inconsciente de los valerosos reformadores magisteriales en su lucha contra el error del catolicismo romano consistió en 'no dejar claro el asunto de la fe', bien que sí desarrollaron exquisitamente los logros de esta. Quizás fue por el hecho de que se sintieron del todo satisfechos con las tesis de Agustín, quien disertó abundantemente sobre esta doctrina. En Calvino, por ejemplo, vemos un fiel exponente y comentarista de Agustín. En muy pocos asuntos estuvo en desacuerdo, si bien tales desacuerdos fueron importantes, como el rampante sacramentalismo temprano de Agustín, y en su confuso postulado de la 'justificación progresiva'. Aunque

---

13 Owen, John.
14 Edwards, Jonathan. *Justification by Faith*. Pág. 236. Citado por Thomas Schreiner en *"Faith Alone"*. Pág. 81.
15 Efesios 2.10.

Lutero no, Calvino tuvo desacuerdos en la concepción agustiniana de la jerarquía del magisterio.

Al esbozar la doctrina de la fe, los reformadores solían irse por la tangente y enfocarse en la justificación, o bien por sus efectos. Incluso la confesión de Westminster hace esto, a pesar del magistral equilibrio de su contenido. Casi cualquier documento luterano, reformado y post-reforma evade concentrarse en la doctrina de la fe como tal. En su énfasis tangencial, los reformadores y teólogos ortodoxos post-reforma entonces causaron una innecesaria impresión sobre la *sola fide*. Incidentes como la postura de Lutero de minimizar y catalogar de "no inspirada" la carta de Santiago, p.ej., realmente agravaron el asunto. Pero éste vuelco a los gloriosos, inmensurables e inmerecidos efectos de la fe, a saber, la salvación, no es el único asunto que puede empañar una perfecta comprensión de la doctrina de la fe tal cual. Existen otras dificultades como el problema del "por y para", y las dificultades de la naturaleza y procedencia de la fe; los cuales abordaremos en el capítulo tres de este trabajo, Dios mediante.

EL "POR" Y EL "PARA" CON RESPECTO A LA FE

La fe corresponde a un "por" y a un "para". Si confundimos esto, se nos dificultan algunos asuntos en la teología. Podrían resultar difíciles varios textos que mencionan o aluden al "por" y al "para". Un buen ejemplo del "por" en materia de la fe es Romanos 1.17:

"Porque en el evangelio la justicia de Dios se revela *'por fe'* y *'para fe'*...". (Énfasis mío)

El "por fe" se refiere a los beneficios obtenidos gracias a la fe, que en suma es la salvación.[16] "Por" (gr. *ek*), es una preposición de procedencia, implicando, en este caso que la justificación que Dios otorga al pecador "la justicia de Dios" sucede por la fe o procede de la fe.[17]

---

16 *Conf.* Efesios 2.8.
17 *Ver* también Romanos 4.16; 9.30; 10.6; etc.

Por otra parte, el "para" (gr. *eis*) sobre la fe, es decir "para fe", apela a la elección soberana divina.[18] Implica que Dios nos eligió 'para' creer en Cristo. Es decir, 'para' obedecer a la fe. De ahí:

"…Y por quien recibimos la gracia y el apostolado, *para la obediencia a la fe* en todas las naciones por amor de su nombre".[19]

Dicho de otro modo, a los predestinados en Cristo para la salvación Dios les otorga el don de la fe, pues es "por fe", con tal que crean en Su Hijo, ya que es "para fe". Esto quiere decir que se trata de una dádiva que Dios otorga al hombre. En este sentido, debemos distinguir entre lo que es *"la fe" como dogma o declaración*, y *"la fe" como una capacidad* impartida por el Espíritu. Ambos sentidos son bíblicos, si bien se pueden prestar a confusión. El párrafo IX del capítulo primero de "Las Reglas de la Doctrina de Dordrecht", aunque no está disertando sobre la fe sino sobre la elección, aclara este particular:

"Esta elección fue hecha, no en virtud de provista la fe y la obediencia a la fe, la santidad o alguna otra buena cualidad o aptitud, como una causa o condición previamente requerida en el hombre que habría de ser elegido, sino *para* la fe y la obediencia a la fe, *para* la santidad, etc.; y por consiguiente, la elección es la fuente de todo bien salvador de la que, como fruto, proceden la fe, la santidad y otros dones salvíficos, incluyendo, finalmente, la vida eterna misma, conforme al testimonio del apóstol: '…*según nos escogió en él antes de la fundación del mundo [no porque éramos, sino], 'para que' fuésemos santos y sin mancha delante de él*'".[20, 21]

---

18 *Conf.* Filipenses 1.29.
19 Romanos 1.5.
20 Efesios 2.4
21 Los Cánones de Dort. Cap. 1, párrafo IX, pág. 20. Énfasis y corchetes añadidos.

Es decir, debemos estar claros, de entrada, al hacer un análisis teológico, bíblico e histórico sobre la fe, que ella "procede de Dios", que es "dada a los escogidos", y que es "por la fe" que los escogidos nos apropiamos de la justificación, santificación, redención y glorificación; obras que son hechas por Cristo y su Espíritu en el creyente. De manera que tanto la impartición como la administración de tales obras salvadoras son de exclusividad divina de principio a fin, para el beneficio de los santos.

Del mismo modo, debemos quedar claros en que la elección no fue "por", sino "para"; así, no fue porque Dios previó algo en el objeto escogido, sino que escogió al objeto "para". No fue que en su "presciencia"[22] Dios vio bondad o virtud en los objetos que escogió, sino que los escogió "para" la obediencia, y "para" que a partir de entonces (de la justificación) comenzaran a andar en buenas obras, las cuales Dios dispuso de antemano.[23] Todo esto es cristalino en el texto sagrado.

La aparente paradoja no debe confundirnos aquí, pues la fe, como sustancia, es dada al hombre para que mediante ella podamos apropiarnos de la salvación ofrecida en Cristo. Los salvados, quienes ya poseen la fe (pues ambas son dádivas divinas), son capacitados "*para*" obrar "*por*" fe. Obrar por fe significa "vivir conforme a la voluntad de Dios, la cual ha sido revelada en las Escrituras".

Esta fe "para" vida, además de ser una sustancia o capacidad que Dios provee por su Espíritu, puede ser también comprendida como un dogma o un conjunto de declaraciones que describen el Evangelio de Jesucristo. Como capacidad es un don que faculta al hombre "para" comprender los misterios de Dios; y como dogma es un conjunto de enunciados emitidos por la divinidad en las Escrituras susceptibles de ser comprendidos, aceptados y guardados.

Ambos aspectos de la fe proceden de Dios, y ambos aspectos de la fe son absolutamente necesarios para la salvación. El aspecto sustancial de la fe es impartido en un momento dado al hombre para

---

22 1 Pedro 1.2.
23 Efesios 2.10.

que éste pueda aceptar el evangelio, que es el aspecto dogmático (o declarativo) de la fe. No son distintas 'fe', son dos caras de la misma moneda. *El aspecto dogmático de la fe* es histórico, ha sido dado de una vez por toda a los santos.[24] *El aspecto sustancial (capacidad) de la fe* es puntual, es impartido por el Espíritu, presumiblemente en la regeneración, normativamente en la arena de la receptoría del evangelio. Ambos asuntos son recursos divinos eternos.

Aunque el Evangelio es la persona de Cristo *per se*, al mismo tiempo, es el tratado sobre Jesucristo. El evangelio es sustantivo, y al mismo tiempo declarativo. Con la fe se da algo semejante, es sustancial y declarativa.

PONIENDO EN CONTEXTO LA DOCTRINA DE LA SOLA FIDE

En lo adelante hago un somero intento de decodificar tanto la paradoja como el mito sobre la *sola fide*. No obstante, es necesaria ponerla en contexto en paralelo al conjunto de doctrinas de orden redentoras excelentemente denominadas "las Cinco Solas de la Reforma", a saber: Sólo la Escritura, Sólo Cristo, Sólo la Fe, Sólo la Gracia, y Sólo a Dios la Gloria.

"*Solus Christus*" no significa que *sólo Cristo* es Dios, sino: 'Sólo Cristo *salva al pecador*'. En otras palabras: El pecador sólo puede ser salvo al poner su fe y confianza únicamente en Cristo. Advertencia, aquí "su fe" no implica que procede de una persona, sino que la fe le fue dada por el Espíritu a esa persona, según creemos, en la regeneración espiritual. Que es una operación monergista de la divinidad, operada en una persona.

El elemento del Salvador en la fe judeo-cristiana es un elemento distintivo y exclusivo de tal fe. Las grandes religiones del mundo no contemplan un salvador, No es necesario en sus sistemas. A menudo el adepto y oferente se salva a sí mismo con sus actos. En la fe judeo-cristiana, la salvación es por gracia, y descansa en las manos del Salvador o Mesías.

---

24 *Ver* Judas 3.

"*Sola Scriptura*" no significa que Dios sólo se haya mostrado en las Escrituras, sino que las sagradas Escrituras son la única revelación suficiente, autoritativa, infalible e inerrante *de todo conocimiento y obediencia salvadores*.

Así que, aunque Dios se nos ha mostrado tanto en la historia, y en algunas experiencias que personas, como Moisés, Daniel, entre otros, han tenido, así como en la creación misma de forma muy brillante,[25] la única revelación autorizada para el *conocimiento* concreto, verdadero, perfecto y *salvador de Dios* es "Sola la Escritura". De ahí:

"*La ley de Jehová es perfecta,*

Que convierte el alma;

El testimonio de Jehová es fiel,

Que hace sabio al sencillo".[26]

Con relación al resto de las "Solas", sucede igual, *su fin es salvador*.

"*Sola Gratia*" no apunta a la gracia como el todo de Dios, sino que establece que *la salvación y todas las virtudes salvadoras y todo don perfecto proceden de Dios, de su voluntad absoluta, de pura gracia*. Puntualizamos de nuevo, que la salvación es una prerrogativa completamente divina para la cual Dios no recibió sugerencias, mi consejo en nada, ni de nadie;[27] y que la salvación y su dispendio es administrado de principio a fin solamente por Él, y lo hace "por gracia" o "de pura gracia". En otras palabras, no porque previera bondad alguna en los elegidos, sino que "por el puro afecto de su voluntad", asunto que en el coloquio de mi país se diría: "¡*Porque le dio Su Santísima Gana!*".

"*Soli Deo Gloria*" no alude a que el Espíritu Santo y Cristo no deben ser adorados con expresiones cúlticas, o que no sean dignos de

---

25 Salmo 19.1-4; Romanos 1.18-21.

26 Este texto (Salmo 19.7) está haciendo enfática referencia no sólo a la *Torá* como una sección de la revelación plenaria, sino a toda la revelación especial o escrita de Dios dada a los hombres.

27 Consulte aquí Isaías 40.13.

ser glorificados, sino que Dios, siendo Padre, Hijo y Espíritu Santo, es merecedor absoluto de toda la gloria, en todo y por todo, y, nunca, nunca, nunca sus criaturas (confirme Apocalipsis 4 y 5). Este hecho ha de ser acentuado especialmente en materia de que los méritos por la salvación, la redención, la justificación, la santificación y la glorificación, pertenecen sólo al Señor.[28]

Ningún hombre, ni el más fino y sobresaliente de todos los predicadores, debe jamás tomar ni una sola gota de la gloria de Dios en el plan de redención (ni de ninguna de sus partes). Ningún ángel o arcángel tampoco, aunque sea santo, ni Gabriel ni Miguel. "Sólo Dios debe recibir la gloria, la alabanza, el honor, la magnificencia y todo el crédito aquí".[29]

A resumidas cuentas, las Cinco Solas enfatizan la soberanía absoluta de Dios en la Salvación de los pecadores, y establecen de una vez por todas que:

"La salvación es [solamente] de *YaHoWaH*".[30]

Procuraremos entonces explicar aquí 'la doctrina de la fe', y trataremos de no irnos por la tangente de su más glorioso y extraordinario resultado, 'la justificación'; no porque la justificación sea tangencial, de hecho, es central, sino porque *la fe es una doctrina susceptible de ser tratada y comprendida por sí sola*, si bien es una sustancia y una virtud que engendra el extraordinario y eterno beneficio de la justificación.

Creo que algunos reformadores magisteriales, especialmente Lutero, quizás de forma inconsciente, causaron la impresión de que la fe es netamente metafísica, *cuasi* enajenada de las obras en su esencia; si bien ellos mismos fueron incansables ministros que obraron casi sin descanso.

No es anormal que en la tarea teológica como oficio se sublimice la "reflexión", dejando una impresión de que esta es de mero y puro

---

28 Jonás 2.9; Joel 2.32; Jeremías 31.7; Isaías 33.22; 2 Reyes 6.27.
29 Apocalipsis 5.12.
30 Jonás 2.9b.

carácter reflexivo e intelectual en su fin. A veces, incluso, dando la impresión de que este ejercicio de la fe es más sublime que la práctica de esta, es decir "las buenas obras". Tanto "la fe" como su contraparte, "las buenas obras", proceden de Dios. Claro, la fe tiene una arista declarativa, normativa y doctrinal. El mismo evangelio puede definirse como "fe", al igual que el conglomerado de las Escrituras. Pero, debemos procurar escapar a esa comprensión unilateral y llana de "la fe", la cual además es definida cual una sustancia o una capacidad que Dios da a sus escogidos.

Sobre este asunto encuentro muy atinado mencionar aquí el fin práctico de la fe, como lo ponen en perspectiva los doctores Ashford y Whitfield:

"La teología cristiana es la reflexión disciplinada en la auto-revelación de Dios".[31]

Pero ellos rompen con la tendencia de relegar a una Torre de Cristal la tarea teológica cuando en la oración a continuación de la anterior imprimen el propósito de la disciplina teológica, así:

"El propósito de esta reflexión es *equipar al pueblo de Dios para que conozcan y amen a Dios y a que participen en su misión en el mundo*".[32]

Es simplemente grandioso, santo y justo que los teólogos y los ministros de Cristo entendamos la finalidad presente de la fe.

Sola fide, como hicimos notar, se encuentra en un entramado perfecto y al que no le falta ninguna viga que se suele denominar "Las Cinco Solas". En suma, se podrían establecer así: Sólo en la Escritura tengo la revelación salvadora de Dios, cuyo centro es Sólo Cristo, y éste crucificado, quien es el Único Salvador; y Sólo la Gracia me habilita para Creer en Jesucristo para ser salvo; Sólo Dios debe ser

---

31 Akin, Daniel (Editor). *A Theology for the Church*. Pág. 3.
32 *Ibidem*.

glorificado por tan extraordinario y perfecto plan redentor que me incluye a mí, un vil pecador que no merece nada, sino que sólo tiene deudas con Dios imposibles de ser saldadas.

En esto consiste la esencia de la fe, mediante la cual somos regenerados para creer a la verdad y vivir para Dios. Es decir, que a fin de cuentas "Las Cinco Solas" apuntan a la salvación como su fin material.

CAPÍTULO 2

LA FE POR DEFINICIÓN

LO QUE NO ES LA FE

Es menester que iniciemos esta sección con una nota aclaratoria de lo que no es la fe. La fe que salva no es "el salvador", la fe que justifica no es "la justicia" nuestra. La fe viene como resultado del evangelio, pero no es lo que engendra el evangelio. Horatius Bonar, en su tratado "No la fe, sino Cristo", lo puso en perspectiva así:

> "La fe no es nuestro Salvador. No fue la fe lo que nació en Belén y murió por nosotros en el Gólgota. No fue la fe lo que nos amó y se dio por nosotros, que cargó con nuestros pecados en su propio cuerpo en el madero, que murió y resucitó por nuestros pecados. La fe es una cosa, el Salvador es otra. La fe es una cosa, y la cruz es otra".[1]

Arthur Pink denunció a muchos que portando la bandera del cristianismo, hacen de la fe una especie de salvoconducto justificador o salvador en sí misma. Escribió:

> "Aunque hay aquellos que han rechazado la noción nada bíblica de que somos justificados ante Dios por nuestras propias obras, *muchos virtualmente hacen de su propia fe su salvador*. Algunos no sólo han hablado de la fe como si fuera una contribución que Dios requiere que el pecador haga para su propia salvación: el último centavo que era necesario para

---

1 Bonar, Horatius: "No la fe, sino Cristo". El Evangelio de la Gracia de Dios. (Versión Kindle)

completar el precio de su redención, pero otros (que se burlaban de los teólogos y se jactaban de su comprensión superior de las cosas de Dios) *han insistido que la fe misma es la que nos hace justos ante Dios quien considera la fe como justicia*".[2]

Durante la historia del cristianismo, muchos han mostrado ambivalencia respecto al entendimiento de la fe. Pero: ¿Qué es la fe? ¿Cómo podemos definirla? ¿Nos provee la Biblia de alguna declaración cristalina sobre la fe?

ALGUNOS TEXTOS QUE ES NECESARIO OBSERVAR DE CARA A UNA TEOLOGÍA BÍBLICA DE LA FE

Creo saludable leer los siguientes pasajes. Observe los énfasis y las notas que hemos señalado.

"*...puestos los ojos en Jesús, el autor y consumador de la fe...*"[3]

"*Pero antes que viniese la fe, estábamos confinados[4] bajo la ley, encerrados para aquella fe que iba a ser revelada*".[5]

"*Es, pues, la fe la certeza (lit. sustancia) de lo que se espera, la convicción (o prueba o evidencia) de lo que no se ve. Porque por ella [la fe] alcanzaron buen testimonio los antiguos. Por la fe entendemos haber sido constituido el universo por la palabra de Dios, de modo que lo que se ve fue hecho de lo que no se veía... Pero sin fe es imposible agradar a Dios; porque es necesario que el que se acerca a Dios crea que le hay, y que es galardonador de los que le buscan*".[6]

---

2 Pink, Arthur: "El Instrumento de la Justicia". El Evangelio de la Gracia de Dios. (Versión Kindle. Énfasis añadido)

3 Hebreos 12.2.

4 Gr. *fryreo*: bajo custodia militar, bajo protección militar para prevenir invasiones o daños.

5 Gálatas 3.23. Este pasaje da fe de que la fe fue revelada en un momento de la historia, a saber, con la aparición de Cristo, el cumplido prometido por Dios.

6 Hebreos 11.1-3, 6, es quizás la más clara, mejor y completa definición de "la fe" que encontramos en la Biblia.

SU NATURALEZA Y PROPÓSITO

"Porque por gracia sois salvos por medio de la fe; y esto no de vosotros, pues es don de Dios; ⁹no por obras, para que nadie se gloríe".⁷

"Al oír esto, Jesús se maravilló de él, y volviéndose, dijo a la gente que le seguía: Os digo que ni aun en Israel he hallado tanta fe".⁸

"Jesús le dijo: ¿No te he dicho que si creyeres, verás la gloria de Dios?"⁹

"Jesús les dijo: Por vuestra poca fe; porque de cierto os digo, que si tuviereis fe como un grano de mostaza, diréis a este monte: Pásate de aquí allá, y se pasará; y nada os será imposible".¹⁰

"Amados… me ha sido necesario escribiros exhortándoos que contendáis ardientemente por la fe que ha sido una vez dada a los santos".¹¹

"Porque en el Evangelio, la justicia de Dios se revela por fe y para fe. Como está escrito: mas el justo, por la fe vivirá".¹²

"Concluimos, pues, que el hombre es justificado por fe sin las obras de la ley".¹³

"Justificados, pues, por la fe, tenemos paz para con Dios por medio de nuestro Señor Jesucristo; por quien también tenemos entrada por la fe a esta gracia en la cual estamos firmes, y nos gloriamos en la esperanza de la gloria de Dios".¹⁴

---

7   Efesios 2.8, 9. Procedencia y mayor logro de la fe.
8   Lucas 7.9; Mateo 8.10. En el contexto del milagro de Jesús al siervo del centurión romano.
9   Juan 11.40.
10 Mateo 17.20; *comp.* Lucas 17.6.
11 Judas 3.
12 Romanos 1.17.
13 Romanos 3.28.
14 Romanos 5.1-2.

Estos son sólo algunos de los cientos de pasajes que puntualizan *la doctrina de la Fe*. De ahí el grado de dificultad de esta fundamental doctrina.

Sin ser muy meticuloso, en estos textos encontramos una aparente tensión o pugna sobre el tema de la fe en las Escrituras, esencialmente en lo referente a su procedencia y su naturaleza.

Por un lado, pareciera que *la fe es algo humano*, o, almeno, algo que "el hombre posee o forja" por sí mismo. En el contexto de los evangelios sinópticos, *la fe se ajusta a una condición requerida*, algo como que "si la tienes o la ejerces, entonces recibirás el beneficio señalado". P. ej.: "*Mujer, grande es tu fe… ni aún en Israel he hallado tanta fe*"; "*por vuestra poca fe…*"; "*si tuviereis fe como un grano de mostaza…*"; etc.

El Dr. Garrett analiza aquí: "Creer está unido al estar bendecido en el contexto del cumplimiento de la promesa (Lucas 1.45), a la salvación, al perdón (Lucas 7.50; 8.12) y al ver (Marcos 15.32). Existen grados en el creer (Mateo 17.20; Lucas 17.5, 6), y existe la posibilidad de que falle la fe (Lucas 22.32). La fe significa aceptar el ministerio de Juan el Bautista (Marcos 11.31) o los informes de la resurrección de Jesús (Lucas 24.11, 41), así como descreer de los falsos cristos (Marcos 13.21)".[15]

Los sinópticos también enfatizan el acto contrario a creer, la incredulidad. Estos elementos hacen que sea imposible analizar la fe desde una sola arista, y mucho peor sería el intento de sustraer su sustancia de algún pasaje en particular.

Por otro lado, es evidente que *la fe es un don de Dios*, que *es de procedencia divina*: "*la fe… es don de Dios*"; "*la fe que ha sido dada a los santos…*"; "*…Jesús, el autor y consumado de vuestra fe*"; etc.

La primera línea de tensión, entonces, apunta a la procedencia de la fe. Y, puesto que es evidente que es "don de Dios", es necesario ubicar la tenencia de esta en algunos, y en otros no. No creo que sea difícil disuadir esta tensión, especialmente si se acepta que la fe es engendrada en la regeneración espiritual.

---

15 Garrett, J. L. Teología Sistemática. Tomo II, pág. 245.

La otra cara de tensión sobre la fe resulta en lo referente a su naturaleza, pues unas veces pareciera que es sustancial o un 'algo' impartido, y otras (la gran mayoría estadística de las veces) comprende un conjunto de declaraciones y normas (especialmente en las cartas de Pablo).

ALGUNOS ASPECTOS ESTADÍSTICOS SOBRE LA DOCTRINA DE LA FE EN LAS ESCRITURAS

Pablo usó el verbo y el sustantivo griego para *creer* y para *fe* casi 200 veces, en una relación de casi tres a una en favor del sustantivo. En todo el Nuevo Testamento el verbo (*creer*) y el sustantivo (*fe*) aparecen poco más de 240 veces, y el adjetivo (*fiel/fidelidad*) otras 67 veces.[16]

Juan utiliza el verbo 98 veces solamente en su Evangelio. En el total de los casos el objeto y sustantivo de esa acción es Jesucristo, el Hijo de Dios, según la Palabra. Solo utiliza el sustantivo una vez en 1 Juan 5.4, y unas pocas veces en Apocalipsis, usualmente asociada a la perseverancia.[17]

En Gálatas y Romanos especialmente, dos cartas en las que se establece un definitivo contraste con los judaizantes, "la fe la mayoría de las veces constituye la confianza absoluta en Dios y su gracia, en contraposición con la confianza en las obras".[18]

Es evidente que cuando de fe se habla, estamos tratando de un tema bien trillado en las Escrituras.

EL CONCEPTO DE FE, GRAMATICALMENTE HABLANDO

Gramaticalmente hablando, "*fe*" es un sustantivo, del cual la forma verbal es "*creer/confiar*", y "*fidelidad*", su adjetivo. Es decir, *fe, creer, confiar y fidelidad* surgen de la misma raíz griega y se complementan entre sí, apuntando a la misma acción. Ocurre parecido en el idioma alemán; pero en el hebreo (una lengua semita), el arameo (y los idio-

---

16 Ver Garrett (*Op. Cit.*). Págs. 245, 246.
17 *Ibidem*. Págs. 249, 250.
18 Ver Garrett (*Op. Cit.*). Págs. 249, 250.

mas procedentes del acádico), igual que en el latín, el inglés, los idiomas románticos, etc., *creer, fe, confiar* y *fidelidad* surgen de diferentes raíces. Esto a menudo dificulta su análisis objetivo.

UNA DECLARACIÓN DE LA FE

Como quizás ya pudiste observar en nuestro estudio hasta aquí, y como advertimos en la introducción a este tratado, no estamos hablando de un tema sencillo. Quizás ahí radique la ambivalencia y la falta de definición que ha sufrido esta doctrina en la historia del dogma y la teología, como nos hace saber Charles Hodge en su teología sistemática.[19]

Y sobre esta clara dificultad, es evidente que los asuntos de naturaleza espiritual son difíciles de comprender, de explicar y hasta de sostener. Por tanto, puesto que la fe no resulta sencilla de ser explicada ni entendida, pensemos en lo complicado que debe ser entonces vivir la fe.

Apelando a los pasajes bíblicos como un todo, en los párrafos siguientes procuramos definir la fe acorde a las Escrituras.

Según las Sagradas Escrituras, la Fe es una *capacidad* de procedencia divina, cuyo autor y consumador es Cristo. Es una *sustancia o esencia espiritual* prometida y destinada por la gracia de Dios para ser impartida a los escogidos como un don divino. Es suministrada e infundida por el Espíritu Santo a los hombres y mujeres que son expuestos al evangelio (por el oír). Al mismo tiempo, la fe es un contenido enunciativo y normativo, sin que se convierta en un asunto meramente metafísico en sí misma; pues se trata tanto del enunciado de la voluntad divina, concentrada en su plan redentor, como también del cumplimiento de las promesas hechas por Dios en sus pactos con los hombres.

En lo concerniente al "contenido" de la fe, en esencia, es "creerle a Dios", en contraste con "creer en Dios". El don de esta capacidad (impartido por el Espíritu) y el contenido declarativo del evangelio

---

19 *Op. Cit.*

que define la fe salvadora, caminan juntos e indivisibles, persiguiendo el mismo fin y propósito, a saber, la salvación de los pecadores, para la gloria de Dios. Por eso, alguien puede creer en Dios (las declaraciones reveladas) y al mismo tiempo no ser regenerado, como sucede con los demonios, por ejemplo, y con muchos personajes en las Escrituras, p. ej., el rey Agripas.[20]

Por el decreto de Dios, aquellos hombres y mujeres que en su momento son atraídos a confiar en Dios y su Palabra y a "temer" a Dios, reciben por el Espíritu una *capacidad* para poder ver la gloria de Dios en la faz de la hermosura de Jesucristo (el único objeto de la Fe Salvadora), arrepentirse de sus pecados, gozarse en Dios y sus dones, y vivir en la agradable y perfecta voluntad de Dios, esperando en sus muchas promesas.

En esencia, se trata de *un don, una facultad, una capacidad espiritual, una virtud y un dogma* que capacita a sus poseedores para obrar en justicia, amor y verdad ante Dios y los hombres; y que, a la vez, propicia el fortalecimiento y el crecimiento en el conocimiento del Santo y la esperanza de la vida eterna, según lo comprenden las Escrituras. La fe está intrínseca e inseparablemente ligada al evangelio de Cristo, al igual que a Cristo y al Espíritu Santo. Por ello, Pablo utiliza el vocablo: *"venida la fe"*, y *"la fe de* (genitivo) *Cristo"*, y *"la fe del evangelio"*.[21]

La fe no solamente produce un arraigo y apego a las Escrituras, sino que al mismo tiempo provoca una profunda convicción de la veracidad, inerrancia, inspiración, pureza y necesidad de las Escrituras y su comprensión; a la vez que un intenso amor por ellas.

La fe infunde una espantosa convicción de pecado en el regenerado que le conduce a gritos desesperados por su condición y su comprensión del evangelio, rindiéndolo a los pies de Cristo en busca de paz, consuelo y liberación del pecado y sus consecuencias; y de igual modo, ese creyente es santificado instantánea y progresivamente por

---

20 *Ver* Hechos 26.27.
21 *Cal.* Gálatas 3.23, 25; Filipenses 1.27; 3.9; Dálmatas 2.5, 16; Romanos 3.22, 26.

el Espíritu que viene a habitar en él por la misma fe.[22]

Aunque la fe sufre grados y puede ser debilitada o fortalecida, la fe en Cristo salva, justifica y santifica, y por la acción del Espíritu que la engendra en el creyente, la misma fe mantendrá a los creyentes firmes en la esperanza de gloria y victoriosos ante el mundo, el pecado y el diablo. Y aunque el creyente continuamente pelea una feroz batalla, el salvado va de gloria en gloria y de victoria en victoria por la misma fe.[23]

Debemos precisar y concluir que: "Sin fe es imposible agradar a Dios"; por lo cual: "El justificado por la fe, por ella vivirá".[24]

La fe es algo de lo que los hombres debemos apropiarnos para procurar vivir por lo que ella establece, a saber, la verdad del Evangelio.

La fe es absolutamente necesaria para que un ser humano pueda comenzar a ver las realidades de Dios, del cosmos y la vida (presente y venidera) en sus justas y necesarias medidas. Es por la fe que un creyente elabora una *cosmovisión* bíblica de vida; y por ella misma engendra convicciones y resoluciones de vida.

Según la declaración de Cristo: *"El que no naciere de nuevo, no puede ver ni entrar en el reino de Dios"*;[25] el no regenerado queda confinado a las densas y tenebrosas tinieblas en esta vida y en la eternidad. Los impíos no pueden ver la negrura de sus pecados. A ellos les están bloqueadas la belleza y la gloria de Dios en sus obras y su revelación, por ello terminan *"dando culto a las criaturas, antes que al creador"*, como declara Pablo en Romanos 1, lo cual es locura. Pero, por la gracia de Dios, muchos de tales pecadores verán la luz y les resplandecerá la gloria de Dios en la faz de Jesucristo, gracias a la elección.[26]

---

22 Gálatas 3.14; Efesios 1.12-14; Romanos 5.5; Juan 1.12, 13; 3.3, 5.
23 2 Corintios 3.18; 1 Juan 5.4; Efesios 6.10, 11, 13; Romanos 4.20.
24 Romanos 1.17; Gálatas 3.11.
25 *Ver* Juan 3.3, 5. *Cons.* Hodge, Teología Sistemática (*Op. Cit.*), en donde propone una analogía de la fe que es como cuando un ciego comienza a ver. (Ver Tomo II, pág. 305)
26 *Cal.* 2 Corintios 4.6.

La conclusión bíblica es que el Espíritu Santo imparte la fe en los escogidos de Dios, en el contexto de la exposición al evangelio del receptor; y ésta a su vez alimenta y enfoca, por el mismo Espíritu, las otras virtudes necesarias y vitales, a saber, el amor, el gozo, la paz, la paciencia, la santificación, la piedad y la esperanza. Por la fe entendemos y apreciamos la verdad de Dios, sus planes, sus leyes, sus promesas y sus dones. La fe capacita al creyente para la piedad.

En suma, el objeto de la fe salvadora es Jesucristo, el Hijo de Dios, nacido de mujer, de la estirpe de David, de la simiente de Abraham, quien ministró entre los hombres a su tiempo, fue crucificado, muerto y sepultado, y resucitó al tercer día por el Espíritu, ascendiendo al cielo como Señor y Cristo, sentándose a la diestra de la Magnífica Gloria de Dios, luego de haberse aparecido a los apóstoles y a varios otros creyentes contemporáneos a los apóstoles.[27] Y desde aquella majestad gloriosa volverá, al tiempo señalado por el Padre, para culminar el plan y los propósitos eternos y redentores de Dios.[28]

LA FE ES HISTÓRICA

Creo beneficioso abordar aquí, de forma resumida, la historia de la doctrina de la fe en el contexto bíblico.

Cuando analizamos la doctrina de la fe en el Antiguo Testamento, encontramos una mención tímida a esta doctrina. Algunos teólogos y exégetas, incluso, se atreven a decir que lo único que encontramos en el Antiguo Testamento sobre la fe son ejemplos, como el de Abraham. Garrett demuestra que en realidad el tema es relativamente escaso en el Antiguo Testamento y que se enfoca más en el desarrollo de un sustituto de la fe, a saber, la confianza.

En el período intertestamentario[29] hubo un aumento del concepto de la fe, y se puede resumir, según Garrett, como sigue:

---

27 Mateo 28.18ss y paralelos; Romanos 1.2-7; Hechos 1.1-8.
28 Consulte aquí Hebreos 11.
29 El período intertestamentario corresponde al tiempo cronológico desde que cesó la revelación canónica del AT (a finales del S. V a. C.), hasta la manifestación de Cristo. Se trata de un período de unos 400 años, desde los escritos de Esdras, Nehemías, Zacarías y otros, hasta los escritos del NT.

"La fe llegó a consistir en ajustarse a la Torá, incluyendo el sábado, las fiestas, los sacrificios y el templo".[30]

El Dr. Garrett, en su trabajo de Teología Sistemática, registra que "el judaísmo de la diáspora, en su contacto con el mundo helenístico, hacía más énfasis en el aspecto intelectual de la fe".[31] A su vez, "cuando los gentiles se hacían prosélitos del judaísmo, la fe se tornaba en 'la aceptación de una religión más verdadera', como en Judit 14.10".[32] Y cierra su explicación resumiendo que: "En la comunidad de Qumrán los términos para la fe y la confianza fueron menos prominentes que en el Antiguo Testamento y había más énfasis en la fidelidad de Dios".[33]

La historia de la doctrina de la fe es longeva y creciente, culminando en un *crescendo*, a saber, Jesucristo, que es el cumplimiento de la promesa de la 'Simiente' dada tanto a Adán como a Abraham; y se extiende hasta la gracia salvadora, en la recepción del Espíritu, que es la promesa del Padre y la garantía de la regeneración de cara a la glorificación final.[34]

LA FE SEGÚN EL MÁS EXQUISITO RECUENTO TEOLÓGICO DE LA CRISTIANDAD

En el sentido dogmático, la fe es declarativa. En el mismo sentido, la fe es netamente histórica. Se trata de *"la fe que ha sido dada de una vez por todas a los santos"*.[35] El credo[36] apostólico, la confesión formal consensuada más antigua que poseemos en el cristianismo postestamentario, inicia todas sus cláusulas diciendo *"creo"*:

---

30   Garrett, J. L. teología Sistemática. Tomó II, pág. 244.
31   *Ibidem*.
32   *Ibidem*.
33   *Ibidem*.
34   *Ver* Efesios 1.11-14.
35   Judas 3.
36   Credo, un laicismo que refiere creer o creencia, es decir, fe.

"*Creo* en Dios Padre, todopoderoso, creador del cielo y de la tierra. *Creo* en Jesucristo, su Único Hijo… *Creo* en el Espíritu Santo… *Creo* en la santa Iglesia Católica…"

"*Creo*", como ya hicimos notar, es la forma verbal (en primera persona del singular) del sustantivo "*fe*". Esta famosa y antigua confesión simplemente está resumiendo lo que la iglesia de los primeros siglos resolvió en resumen sobre la esencia de "su fe". En este sentido, la fe es "una declaración".

La confesión de fe de Westminster[37] establece sobre la fe:

> La gracia de la fe, por la cual se *capacita* [note que se trata de *una capacidad*] a los elegidos para *creer para la salvación* de sus almas,[38] es la obra del Espíritu de Cristo en sus corazones,[39] y *es hecha ordinariamente por el ministerio de la palabra*;[40] también por la cual, y por la administración de los sacramentos y por la oración, *se aumenta y se fortalece*.[41]
>
> Por esta fe, *un cristiano cree que es verdadera cualquier cosa revelada en la Palabra,* porque la autoridad de Dios mismo habla en ella;[42] y esta fe actúa de manera diferente sobre aquello que contiene cada pasaje en particular; *produciendo obediencia hacia los mandamientos,*[43] temblor ante las amenazas,[44] y *abrazando las promesas de Dios* para esta vida y para la que ha de venir.[45] Pero *los principales hechos de la fe salvadora*

---

37 Confesión de Fe de Westminster, cap. 14. (http://www.iglesiareformada.com/Confesion_Westminster.html). (Énfasis añadido)
38 Hebreos 10.39.
39 2 Corintios 4.13; Efesios 1.17-19; 2.8.
40 Romanos 10.14, 17.
41 1 Pedro 2.2; Hechos 20.32; Romanos 4.11; Lucas 17.5; Romanos 1.16, 17.
42 Juan 4.42; 1 Tesalonicenses 2.13; 1 Juan 5.10; Hechos 24.14.
43 Romanos 16.26.
44 Isaías 66.2.
45 Hebreos 11.13; 1 Timoteo 4.8.

son: aceptar, recibir y descansar [confiar] sólo en Cristo para la justificación, santificación y vida eterna, por virtud del pacto de gracia.[46]

Ésta es una pieza exquisita de la doctrina de la fe bíblica. La segunda Confesión Bautista de Fe de Londres (de 1689) deja este artículo intacto.[47] No obstante, como ya dijimos, se puede observar que el documento se enfoca tanto en los logros de la fe como los deberes hacia la fe, más que en la descripción de la fe misma, si bien la presenta como una capacidad de creer obrada por Cristo en los corazones de los creyentes. Esto es típico en las confesiones y tratados sobre la fe en la historia cristiana.

Como se puede observar, la confesión de Westminster enfatiza que *la fe "procede de Dios" (su procedencia o naturaleza), siendo Cristo tanto el autor como el consumado de nuestra fe*. También se trata claramente el hecho de que *lo que se debe creer es lo que está contenido en las Sagradas Escrituras (su contenido y fuente de información)*, y nada más que eso. En el mismo orden, lo que es bueno o malo, pecaminoso o no, condenatorio o salvador, es sólo lo que Dios estableció en las Escrituras, y para nada ningún capricho de religión u hombre alguno.

En las definiciones que hemos tocado hasta aquí, podríamos decir que *la fe es la generatriz de todas las virtudes salvadoras, cuyas son engendradas por el Espíritu*. La fe es *la sustancia de la esperanza cristiana, cuya está enunciada en las Escrituras*.

Pero también hemos enfatizado, que además de un contenido declarativo, que es en lo que se basa casi cualquier definición teológica de la fe; debemos admitir que es una capacidad y una sustancia espiritual que, por tanto, se aloja en algún lugar de nosotros. Esa capacidad es un don que se infunde al individuo por el Espíritu en la regeneración, para la eventual justificación.

Ya establecimos que el evangelio mismo es sustancial o material (una persona), a la vez que declarativo (un mensaje susceptible de

---

46 Juan 1.12; Hechos 26.31; Gálatas 2.20; Hechos 15.11.
47 Artículo 14 de la citada Confesión de Fe.

ser expuesto y entendido). El pensamiento occidental suele presentar profundas dificultades cuando se trata de comprender este tipo lenguaje dual. Es natural para los orientales. Una persona tiene nombre que lo define. El solo hecho del nombre, evoca las sensaciones de la realidad misma. Por eso en las Escrituras se habla del Nombre de Dios en paralelismo de su Ser.

Por otra parte, debemos preguntarnos, ¿si la fe es fruto del Espíritu, y es por la fe que sucede la salvación en una persona; es entonces la salvación un asunto que apunta a un proceso, o es en esencia algo que me acontece en un instante? También debemos resolver aquello de que 'nos apropiamos de *la fe* por oír *con fe* el evangelio'. Y es preciso resolver lo concerniente a la regeneración espiritual.

Entonces, puesto que la fe es un don de Dios, mediante la cual soy salvo, está más que claro que la fe antecede a la recepción de la salvación misma. Porque: (1) no es posible ser salvos sino "por la fe"; (2) y si fuéremos salvos por la fe (y no por Cristo), entonces la salvación resultaría en una obra del individuo que ejerce la fe. Así que, debemos ver aquí que la fe es tanto una capacidad espiritual recibida que me capacita para creer (es "un don de Dios" dado por gracia a sus santos escogidos), y también la fe es un conjunto de doctrinas (el evangelio, el contenido declarativo de las Escrituras), que también viene enteramente de Dios.

Por eso, los teólogos antiguos discutieron si la fe primaria (en cuanto a que se trata de una sustancia o capacidad) se arraiga en el entendimiento o en la parte pasional del individuo. Agustín, por ejemplo, dijo:

"La fe 'antecede a la razón', porque: *nisi credideritis, non intelligetis* (a menos que creas, no comprenderás)".[48]

Es decir, para Agustín, la fe es la entrada al entendimiento de los asuntos espirituales, la vía hacia el reino, al cual nadie entra a menos que se vuelva como un niño. Para el, la *fide* es la *sabiduría* (Lat. sa-

---

48 Garrett, (*Op. Cit.*). Pág. 251.

pientia) del evangelio, la cual debe reemplazar la suficiencia orgullosa del *conocimiento* clásico, *scientia*… Para el teólogo, la fe moviliza la voluntad, más que a la razón.[49]

Si el análisis del párrafo anterior es enteramente agustiniano, creo que entonces Agustín exageró al concederle a la fe casi el lugar de Cristo, como quizás intenta criticar Bonar. Realmente, nunca debemos llegar a una definición de la fe que la convierta en puerta, luz o camino, eso lo es Cristo. La fe es única dentro de los dones divinos, como dijera Fuller, pero no es el poder que salva.

Para el doctor africano, *la fe* "era el don de Dios por el que los seres humanos pueden recibir y asir los beneficios de la actividad salvadora de Dios en Jesucristo".[50] En pocas palabras, una capacidad de receptoría.

Para el sobresaliente teólogo, "la fe salvadora no se alberga en la región del entendimiento, sino en la voluntad del individuo receptor de la fe, hasta el punto de demostrar que ella es debido a la gracia".[51] Si algo se alberga, implica que es una sustancia. Esta era la idea de Agustín y algunos de los Padres.

Anselmo de Canterbury, un teólogo de la Edad Media, mantuvo la postura agustiniana, y declaró:

> "No busco comprender para creer, sino creo para entender. Pues creo aun esto, *que no comprenderé, a menos que crea.* Tal fe es dada por Dios".[52]

No parece que la cláusula "la fe es dada por Dios" sea una referencia a las Escrituras, sino a la fe misma, que en cuanto a sustancia antecede el saber mismo.

Tomás de Aquino mezcló el concepto de gracia dada con un asentimiento y una virtud meritoria, y fijó el concepto de "fe implícita".

---

49 *Ibidem.*
50 Garrett, J. L. Teología Sistemática. Tomo II, pág.251.
51 *Ibidem.*
52 *Ibidem.*

Lutero recobró la primacía de *la fe fiduciaria*. Para el reformador, la fe tiene a Dios o a Cristo como su objeto, "en su palabra" (Pablo Altheus)... creer "es un acto incondicionalmente personal" por el cual uno escucha y recibe la palabra de Dios o "los beneficios de Dios". Para Lutero, *la fe adquirida* tiene un carácter demasiado humano; no obstante, *la fe infundida* era necesaria para el perdón de los pecados. El reformador de Wittenberg concibió la fe, en cuanto forjada por Cristo o el Espíritu Santo, como la única condición de justificación frente a Dios y su perdón. Para el reformador, la fe tenía como consecuencia *la vida nueva* y *las buenas obras*.[53]

Melanchton y Bucero, proporcionaron definiciones afines a las de Lutero.[54]

Calvino insistió que: "*la fe es anterior al amor y lo engendra*". Definió la fe como: "*un don sobrenatural dado por Dios*", y se adquiere tal cual "*un vaso vacío es llenado*". Pera el reformador, la fe era una certeza más que una comprensión".[55] Calvino está haciendo referencia aquí a una capacidad medible: "*como un vaso vacío es llenado*". Entendió que a veces en las Escrituras se confunde la esperanza con la fe, pero aclaró que no era sin propósito, porque: "*la esperanza no es más que el alimento y la fuerza de la fe*".[56] El reformador, entre otros textos, cita a Pablo: "*Nosotros por el Espíritu aguardamos por la fe la esperanza de la justicia*".[57] Calvino hace una crítica a un maestro escolástico por su craso yerro, así: "No es, pues, ahora difícil ver cuán crasamente yerra Pedro Lombardo al poner un doble fundamento a la esperanza; a saber, la gracia de Dios y el mérito de las obras, cuando no puede tener otro fin sino la fe".[58]

Las concepciones *anabautistas* de la fe fueron similares a las de los reformadores magisteriales, con la excepción de *un marcado énfasis en*

---

53 Garrett, J. L. Teología Sistemática. Tomo II, pág. 252.
54 *Ibidem*. Pág. 253.
55 *Ibidem*. Pág. 252.
56 Calvino, Juan. Institución. Tomo I, pág. 406.
57 Gálatas 5.5.
58 Calvino, Juan. Institución. Tomo I, pág. 406.

una fe que lleva a dar frutos y al sufrimiento.[59]

Menno Simons definió la fe como: "Un don enteramente de Dios".[60]

La Segunda Confesión Bautista de Fe de Londres (de 1689), como dijimos anteriormente, reproduce la resolución de Westminster, definiendo esta como "una gracia o don". Dicho artículo de fe reconoce, además, una fe que es fruto de la gracia común, pero que no salva.

Para Barth, citando a Kiekeegard, la fe era: "*Lanzarse hacia lo desconocido*". Aunque luego, en su dogmática, definió claramente que el objeto de tal fe era Cristo.[61]

El escritor de la carta a los Hebreos establece una declaración fuerte sobre la relación entre el hombre y Dios, dice: "porque sin 'fe' es 'imposible' agradar a Dios". Esta declaración corresponde a la establecida en Romanos 5.1, 2:

> "*Justificados, pues, por la fe, tenemos paz para con Dios por medio de nuestro Señor Jesucristo; por quien también tenemos entrada por la fe a esta gracia en la cual estamos firmes, y [en la cual] nos gloriamos en la esperanza de la gloria de Dios*". (Énfasis y corchetes añadidos)

En el texto de Romanos 5.1, 2, como se puede observar a simple vista:

La *fe* es el medio por el cual el pecador es justificado por Cristo. La *fe* en Cristo nos da entrada a "esta gracia". La *fe* engendra firmeza en la esperanza de la gloria de Dios.

---

59 Garrett, J. L. Teología Sistemática. Tomo II, pág. 252.
60 *Ibidem*. Pág. 251.
61 *Ibidem*.

Hay un detalle en la fraseología del texto de Hebreos 11 sobre la fe, y es que se trata de una "sustancia".[62] A fin de cuentas, *la fe es un don de Dios que nos ha sido dado por Dios para estar ávidos para recibir y entender las cosas de Dios*. Sin tal sustancia (*la fe*), es "imposible" ser del agrado de Dios, imposible estar en paz con Dios, e imposible hallar gracia ante Dios. Note el negativo: ¡Imposible!

Así, sin la fe, el contenido declarativo, es posible conocer de Cristo, a quien hay que recibir por la fe para ser salvos.

Cuando la Biblia dice, p. ej., que "*Noé halló gracia ante los ojos de Dios*", está informándonos e implícitamente estableciendo que Noé llegó a ser un hombre de fe. El escritor de Hebreos (en su cap. 11) nos confirma tal realidad.

La fe de la Biblia es *la confianza plena* en la obra redentora de Cristo en favor del creyente, cuya aplicación personal es hecha por el Espíritu Santo, y mediante la cual es justificado el pecador que cree (que se apropia de la fe o que es receptor de ella).

Pero no queremos aquí tapar el sol con un dedo. Algunas contradicciones entre los reformadores y Agustín sobre la justificación por la fe no son asuntos fáciles de aclarar. La realidad es que "*es por la fe que tenemos entrada a esta gracia*".[63] O sea, que una interpretación llana del pasaje pone a la fe como el canal o el medio por el cual se nos imparte la gracia.[64] Y al hacer un análisis más acabado de la gracia, sabemos que ésta encierra la "determinación divina" en sí misma. Esto implica que no estamos hablando de una cuestión sencilla, en cuanto a su comprensión.

En el mismo orden, nosotros sabemos que "el Espíritu Santo se recibe al *creer* en el Evangelio";[65] pero al mismo tiempo, la fe es suministrada por el Espíritu. Estos asuntos expresan un orden paradójico, a lo menos en la superficie del texto. La idea primaria es: (1) crees, o eres receptor de la fe en Cristo; y (2) recibes el Espíritu Santo. El

---

62 *Ver* Garrett (*Op. Cit.*). Pág. 245.
63 Romanos 5.2.
64 *Conf.* Efesios 2.8, 9.
65 *Ver* Efesios 1.1-14.

claro objeto de la fe salvadora no está sujeto a discusión. Pero, el flujo natural del pasaje citado hace descansar la implantación de ella (*la fe*) en aquel por quien esa virtud y capacidad es impartida, a saber, en el Espíritu, pues la fe es "el fruto del Espíritu".[66]

Entonces, el vocabulario es aparentemente paradójico. ¿Cómo puede uno tener fe sin tener el Espíritu?

Debemos dar gracias a Dios que la fe no es ni humana, ni fruto del esfuerzo, ni del intelecto, ni por mérito humano alguno, como hace recalcar Clemente en su Epístola a los Corintios XXXII.[67]

En la extraordinaria definición de la fe que refiere el escritor de la carta a los Hebreos, nosotros vemos una descripción teológica muy práctica, cargada de ejemplos de *lo que es la fe bíblica*. Note usted: "*es una certeza* (gr. *hypóstasis*. *Lit*. sustancia, confianza, persona) *y una convicción* (gr. *elegchos*. *Lit*. prueba, evidencia) de algo invisible".

El Dr. Hodge hace un exquisito y sistemático esbozo sobre la fe. Primero cita el concepto comparativo de Agustín, para luego analizar el consenso escolástico sobre la fe, así como la concepción de la ortodoxia en general. Cito:

"...Dice Agustín: 'Conocemos lo que descansa sobre la razón; creemos aquello sobre lo que descansa la autoridad'. Entre los escolásticos esta era la idea prevaleciente. Cuando definieron la fe como la *persuasión de las cosas que no se ven*, se referían a aquellas cosas que recibimos como ciertas en base a la autoridad, y no porque podemos conocerlas o demostrarlas. Por ello se decía constantemente: la fe es humana cuando reposa en el testimonio de los hombres; divina cuando reposa en el testimonio de Dios. Aquino decía: 'la fe de que hablamos no asiente a nada excepto porque sea revelado por Dios'. Creemos en base a la autoridad de Dios, y no porque vemos, conozcamos o sintamos que algo sea cierto. Este es el

---

66 *Conf.* Gálatas 5.22.
67 *Op. Cit.*

sentido del gran acierto de enseñanza de los teólogos escolásticos. Esta fue también la doctrina de los reformadores y de los teólogos posteriores, tanto luteranos como reformados… Owen: 'toda fe es asentimiento a un testimonio; y la fe divina es asentimiento al testimonio divino'… 'creo aquello tal como Dios lo revela, porque me ha sido revelado por la autoridad de Dios'… esta postura acerca de la naturaleza de la fe es recibida casi universalmente no sólo por teólogos, sino por filólogos y por la masa del pueblo de Dios".[68]

La cita anterior resumida por Hodge apelando a la historia teológica se resume así: "fe es asentimiento a una verdad, en base a su autoridad". En ese sentido, la fe es una actividad intelectual, y punto. Nosotros creemos que esta es una arista de la fe, pero que la fe trasciende a un mero ejercicio racional, independientemente del tipo de verdad y la autoridad detrás de esta. Para Hodge, esto es la naturaleza de la fe misma.[69] Hodge lo declara así en el sentido de que esa fe era el resultado de creer al testimonio de Dios. Cito al doctor de nuevo:

"La segunda prueba de que las Escrituras enseñan que *la fe es la recepción de la verdad sobre la base del testimonio o sobre la autoridad de Dios*, es que lo que se nos manda es recibir el registro que Dios ha dado de su Hijo. *Eso es fe: recibir como cierto lo que Dios ha testificado, y por cuanto Él lo ha testificado.* 'El que no cree en Dios, le ha hecho mentiroso, porque no ha creído en el testimonio que Dios ha dado de su Hijo'… 'Y este es el testimonio (*hē marturia*): que Dios nos ha dado vida eterna: y esta vida eterna está en el Hijo'[70]".[71]

---

68 Hodge, Charles. Teología Sistemática. Tomo II, págs. 306, 307.
69 *Ibidem*. Pág. 308.
70 1 Juan 5.10, 11.
71 Hodge, C. Teología Sistemática. Tomo II, págs. 309-310. (Énfasis mío).

Recibir este testimonio es certificar que Dios es veraz. Rechazarlo es hacer a Dios mentiroso.[72] No tenemos base para nuestra fe… aparte del testimonio de Dios.[73]

Garrett, citando a Mackenzie y Macintosh, corrobora con lo expresado por Hodge al asentir:

> "El objeto de la fe es Dios y su fundamento es la fidelidad de Dios".[74]

Pablo nos dice que todo el evangelio reposa sobre el hecho de la resurrección de Cristo de entre los muertos. Si Cristo no resucitó, vana es nuestra fe, y estamos todavía en nuestros pecados.[75]

Es de gran valor práctico citar al doctor Hodge nueva vez aquí:

> "Si la fe, o nuestra persuasión de las verdades de la Biblia, reposa sobre bases filosóficas, entonces queda abierta a la puerta del racionalismo; si reposa sobre sentimientos, entonces queda abierta al misticismo. El único fundamento seguro y satisfactorio es el testimonio de Dios, que no puede errar, y que no nos engaña".[76]

He aquí la definición acabada sobre la fe que nos proveyó el doctor Hodge:

> "La fe puede ser definida como la persuasión de la verdad basada en el testimonio. *La fe del cristiano es la persuasión de la verdad de los hechos y doctrinas registradas en las Escrituras en base al testimonio de Dios*".[77]

---

72 *Ibidem*. Pág. 310.
73 *Ibidem*. Pág. 311.
74 Garrett, J. L. Teología Sistemática. Tomó II, pág. 244.
75 Hodge, C. Teología Sistemática. Tomo II, pág. 311.
76 *Ibidem*. (Énfasis mío)
77 Hodge, C. Teología Sistemática. Tomo II, pág. 311. (Énfasis mío)

Pero de igual modo, el doctor Hodge distinguió entre diferentes tipos de fe. Luego de hablar de la fe muerta y la fe temporal, como expresiones fútiles de la fe, dirigió su atención a la fe salvadora, definiéndola así:

"Fe salvadora. La fe que asegura la vida eterna; que nos une a Cristo como miembros vivos de su cuerpo; que nos hace hijos de Dios; que nos hace partícipes de todos los beneficios de la redención; que obra en el amor, y es fructífera en buenas obras, *no se basa en la evidencia externa o moral de la verdad, sino en el testimonio del Espíritu con y mediante la verdad en el alma renovada*".[78]

Refiere Hodge que "*el testimonio del Espíritu es una influencia destinada a producir fe*".[79]

Creo que se puede notar lo netamente intelectual de la fe en este consenso de Hodge.

El príncipe de los predicadores, a coro con el consenso práctico del puritanismo que le precedió, definió la fe así:

"Conocimiento ¿Qué es fe? Se compone de tres cosas: conocimiento, creencia y confianza. Primero viene el conocimiento. "¿Cómo creerán a aquel de quien no han oído?" Necesito saber de un hecho antes de que me sea posible creerlo. "La fe es por el oír". Es preciso oír para saber lo que se ha de creer. "En ti confiarán los que conocen tu nombre". Es indispensable contar con algo de conocimiento para poder tener fe; de aquí la importancia de adquirir conocimiento. "Inclinad vuestros oídos, y venid a mí; oíd y vivirá vuestra alma", dijo el profeta en la antigüedad y lo mismo dice hoy el evangelio".[80]

---

78 *Ibidem.*
79 *Ibidem.* Pág. 313.
80 Spurgeon, C. H. Totalmente por Gracia. http://a.co/4XJnclm

Sobre este asunto, el Dr. Sproul escribió que: "*la fe es algo tangible*"; y explica: "la fe es algo que podemos conocer a través de nuestros cinco sentidos".[81] Hace referencia a la traducción del texto de Hebreos 11.1 así:

"La fe es *la prueba palpable de lo que no podemos ver*". (PDT)[82]

Quizás el escrutinio más equilibrado que he observado entre los teólogos modernos sea el expresado por el Dr. Berkhof. He aquí su escrutinio:

La Fe que salva es una que tiene su asiento en corazón y está enraizada en la vida regenerada. Se ha hecho con frecuencia una distinción entre el *habitas* y el *actus* de la fe. No obstante, más allá de estas se encuentra el germen *fidei*.

Esta fe no es meramente una actividad del hombre, sino una potencia latente producida por Dios en el corazón del pecador. La semilla de fe es *habitus* de fe, pero otros más correctamente lo llaman *semen fidei*.

Solo después de que Dios ha implantado *la semilla de la fe* en el corazón puede el hombre ejercitar la fe. Esto es lo que parece que Barth tiene en mente también cuando en su deseo de acentuar el hecho de que la salvación es el sujeto de la fe.

El ejercicio consciente de la fe gradualmente forma un *habitus*, y esto adquiere un significado fundamental y determinante para el ejercicio futuro de la fe. Cuando la Biblia habla de fe se refiere, por lo general, a la fe como actividad del hombre, aunque nazca de la obra del Espíritu Santo. La fe salvadora puede definirse como una convicción segura, operada en el corazón mediante el Espíritu Santo, respecto a la verdad del evangelio. Y una confianza sincera en las promesas de Dios en Cristo. En último análisis, es verdad, Cristo es el objeto de fe salvadora, pero se nos ofrece solo en el evangelio.[83]

---

81 Sproul, R. C. ¿Qué es la Fe? Preguntas Cruciales. No. 8. Cap. 1. (Versión Kindle)
82 *Ibidem.*
83 Berkhof, Luis. Teología Sistemática. Págs. 602-605.

La fe que salva está compuesta por tres elementos que son indispensables:

Un elemento intelectual (notitia).

Un elemento emocional (asentimiento).

Un elemento volitivo (fiducia).

A pesar de la increíble definición de Berkhof aquí, donde inclusive introduce el concepto de engendro o germen, como un elemento primario, que viene primero al acto de creer, por disposición del Espíritu; a la vez concluye con la definición tradicional provista en Westminster, los puritanos y la ortodoxia reflejada, dejándola en el plano declarativo al final.

Para el Dr. Sproul: "La fe actúa como prueba porque su objeto es Dios". Es como si se dijera: "Yo lo conozco; él tiene un historial, es infalible y nunca miente. Dios lo sabe todo y es perfecto en todo lo que continúa. Así que, si Dios me dice que algo va a suceder mañana, yo lo creo, aunque todavía no lo he visto".[84]

El comentario surge en el contexto de que la fe apunta a una promesa de algo futuro que Dios ha dado, pero que no tenemos aún. La confianza "ciega" está basada en alguien que tiene un largo e impecable historial de cumplimiento de sus promesas, sin importar su aparente grado de dificultad.

El Dr. Sproul termina afirmando que "fe es creerle a Dios", en contraste con "creer en Dios"; explicando y citando: "*Y creyó Abraham a Dios*".[85]

Además, ilustra el Dr. Sproul que: "Abraham no era un explorador en busca de un tesoro basado en la leyenda sobre el botín de un pirata oculta en una cueva"; sino que, por el contrario: "Abraham buscaba un lugar porque Dios le había dicho que le mostraría un

---

84 *Ibidem.*
85 Sproul, R. C. ¿Qué es la Fe? Preguntas Cruciales. No. 8. Cap. 1. Versión Kindle. (Ver también aquí Génesis 12.1-3)

lugar".[86]

Nosotros, igual que Abraham y los héroes de la fe, vamos tras la ciudad cuyo arquitecto y fundamento es Dios. Lo creemos con firmeza, lo palpamos en el Espíritu porque Dios nos la prometió. Algo más seguro que cuando el minero instala la industria de extracción en un lugar, basado en los estudios exploratorios del mineral que explotará en ese lugar definido. Incluso más seguro que la firme persuasión que tenía Colón de encontrar una mejor ruta a las indias, basado en sus conclusiones copernicanas.

Lutero, p. ej., batalló con una implicación bíblica de la fe que aparentaba paradójica a simple vista. Sobre esta confusión luterana, creo que Sam Waldrom arroja mucha luz sobre tal aparente dilema, al escribir en su comentario a la Confesión Bautista de Fe de Londres de 1689:

> "La fe, en primer lugar, es convicción de la verdad del evangelio… por otra parte, es un compromiso con el Cristo del Evangelio… creer implica un acto de compromiso… transmite esa idea. Creer transmite la idea de dependencia. Las analogías o ilustraciones utilizadas paralelamente al creer muestran que *es más que una mera persuasión de la verdad e implica un acto de la voluntad*".[87]

Es clara la referencia del pastor Waldrom en su anterior comentario que la fe trasciende el intelecto y llega a la voluntad.

Waldrom aclara un poco más su punto al decir:

> "La relación de estas *dos descripciones de la fe* debe examinarse ahora. Si *la fe es un compromiso con Cristo* (y nada menos que eso), ¿cómo puede describir la Biblia a veces *la fe salvadora como una convicción de la verdad*? Por otra parte, si la fe es

---

86 *Ibidem*.
87 Waldrom, Sam. Exposición de la Confesión Bautista de Fe de 1689. Págs. 190, 191. (Énfasis mío)

convicción, ¿por qué la describe a veces la Biblia como un compromiso? *La fe salvadora se concibe a veces como una simple convicción de la verdad porque la Biblia presupone que si estamos realmente convencidos de la verdad de algo, respondemos adecuadamente. Presupone que toda convicción verdadera implica compromiso".*[88]

La fe histórica, evangélica y bíblica está suficientemente definida y documentada, aunque no necesariamente integrada. Si creemos que hay un aspecto puntual de la fe en la regeneración, acto del Espíritu en el que somos investidos o facultados con el don de la fe (creemos que esto sucede incluso previo al arrepentimiento, el perdón y la justificación); también estamos claros que la fe tiene como único objeto la confianza en Dios, sus dichos, sus obras y sus promesas, en virtud de su autoridad. La fe verdadera está arraigada a la revelación de Dios (en las Escrituras sagradas), cuyo tema es Cristo y su obra redentora, en procura de la gloria de Dios.

Pero comprender esto no resuelve las paradojas y las dificultades de comprensión de esta doctrina. Creo que debemos resolver el problema viendo en la fe más de una arista, a saber: (1) *es declarativa* (el contenido de las Escrituras, el evangelio), y (2) *es sustancial* (una capacidad que el Espíritu *infunde* en una persona). El capítulo siguiente nos ayudará a comprender esto mejor.

---

[88] Waldrom, Sam. *Exposición de la Confesión Bautista de Fe de 1689*. Págs. 190, 191.

CAPÍTULO 3

LA NATURALEZA DE LA FE

Probablemente uno de los puntos menos comprendidos, a mi juicio, en la historia de la iglesia respecto de la fe es lo concerniente a "su naturaleza". Incluso entre eruditos este asunto suele ser presentado con mucha ambigüedad. Por ejemplo: Horatius Bonar, a pesar de hacer ciertas referencias bastante acertadas sobre la fe en su tratado "No la fe, sino Cristo", escribe, de forma muy ambivalente, lo siguiente:

> "No la confundamos [la fe], ni adjudiquemos a un pobre e imperfecto acto del hombre [creer], aquello que pertenece exclusivamente al Hijo del Dios viviente [la salvación]... Por ser imperfecta [la fe], no puede satisfacer; siendo humana [la fe], no puede satisfacer, aunque fuera perfecta".[1]

Es evidente, a juzgar por sus expresiones, que Bonar ignoraba el "misterio" de la fe que ha sido dada a los santos, a lo menos parcialmente. Incluso un estudio superficial de la Biblia respecto a este tema arrojará que *"la fe es un don de Dios"*, por tanto, de procedencia y naturaleza absolutamente espiritual, tanto como cualquier otro don y gracia.

En el famoso "Concilio de Dort" (que tuvo lugar en los Países Bajos entre 1618-1619, donde finalmente se confeccionaron los famosos "Cinco Puntos del Calvinismo" como una reacción en contra de las sistematizaciones de los discípulos de Jacobus Arminius[2], este asunto de la fe se expresa así:

---

1 Bonar, Horatius: "No la fe, sino Cristo". El Evangelio de la Gracia de Dios. Versión Kindle. (Énfasis entre Corchetes, añadido)

2 Jacobus Arminus era anciano reformada holandés, educado en Ginebra a los pies de Bucero, y enseñaba teología en la universidad de Leiden, Holanda.

"Que Dios, en el tiempo, dote a algunos de la fe y a otros no, procede de su eterno decreto[3]".[4]

Para los reformados de Dort de aquel tiempo estuvo claro que la fe es una dotación (o capacidad), un algo, una sustancia, tanto como que esa dotación es divina de principio a fin.

Ahora, si consideramos la fe como un "nada", la situación se puede complicar, porque la consideraríamos sólo como un conjunto de establecimientos, normas o reglas; sería entonces algo parecido a "la Ley". En este sentido, dejaríamos a la fe como el producto muerto del intelectualismo, la cual puede ser adquirida por el esfuerzo humano. No es sólo el objeto de la fe, como puntualizó el Dr. Sproul, lo que es diferente a otro conocimiento cualquiera, es también "lo que la fe es en ella misma" en cuanto a sustancia, esencia o naturaleza. Creemos que Hodge en su apelación a la concepción escolástica, no hizo justicia a la verdadera naturaleza de la fe al referir que "fe es asentimiento a una verdad, en base a su autoridad", en base a lo cual concluye afirmando: "esto es la naturaleza de la fe misma".[5]

Resulta incómodo ajustarse a que la gracia de la fe sea sólo un esquema declarativo, obviando su naturaleza en cuanto a capacidad o sustancia. En el mismo tenor, es legible percibir el por qué alguien podría errar, como en efecto han errado muchos, al considerar la fe como una obra humana, y en su defecto por lo menos sinergista. De ahí que algunos cual Bonar puedan afirmar:

> Por ser imperfecta [la fe], no puede satisfacer; siendo humana [la fe], no puede satisfacer, aunque fuera perfecta".[6]

---

3 Continúa diciendo: "Con arreglo a tal, *ablanda*, por su gracia, el corazón de los predestinados, por obstinados que sean, y *los inclina a creer… (Énfasis mío)*

4 LOS CÁNONES DE DORT. Cap. 1. Párrafo V, pág. 18. (*Conf.* también, parr. XV. Ver también Hechos 15.18; Efesios 1.11)

5 Ver Hodge, C. Teología Sistemática (*Op. Cit.*). Tomo II, pág. 308.

6 Bonao, Horatius: "No la fe, sino Cristo". El Evangelio de la Gracia de Dios. (Versión Kindle. Énfasis entre Corchetes, mío)

Lo cual nosotros entendemos discordante con la naturaleza de la fe. Aunque la fe, en un sentido, refiere declaraciones y normas, no debemos quedar satisfechos solo con esta visión declarativa de la fe. Esto traería un efecto parecido a que si viéramos al Verbo (Cristo) como un mero mensaje, cuando en realidad es una Persona (es Sustantivo). El Verbo de Dios es el eterno Hijo de Dios; es la Segunda Persona de la Divinidad encarnada en el tiempo y el espacio (es histórico). Del mismo modo, es cierto que la persona de Cristo puede ser expresado declarativamente, pero sería una bajeza confinar al Señor al mero mundo de las ideas y las declaraciones. Ese sería "un cristo metafísico", en vez de concreto y sustancial. Al respecto bien se pronuncia Bonar según lo plasmado en la cláusula siguiente:

> "La fe nos conecta con la justicia y por lo tanto es totalmente diferente de ella. Confundir la una con la otra es socavar los fundamentos de todo el evangelio de la gracia de Dios. Nuestro acto de fe siempre tiene que ser algo separado de aquello en lo cual creemos... La obra de Cristo para nosotros es el objeto de la fe. *La obra del Espíritu en nosotros es lo que produce esta fe*".[7]

El teólogo escocés no pudo dar mejor en el clavo sobre esta realidad dual de la fe, que es declarativa y sustancial, a pesar de la ambivalencia y los puntos grises en la postura de Bonar. La cláusula antes citada por sí misma presenta trazas de ambivalencias, y es digna de un análisis más profundo.

Bonar, con un estilo particular, nos deja saber que aunque la fe pone su mira, a modo declarativo, en Cristo como el objeto de ella; a la vez, ella es producida por el Espíritu. Al mismo tiempo, nos deja saber que, a fin de cuentas, "la fe no es la justicia nuestra"; sino que "nos es contada por justicia".[8]

---

7 *Ibidem*.
8 Bonar, Horatius: "No la fe, sino Cristo". El Evangelio de la Gracia de Dios. Versión Kindle. (Énfasis mío)

La fe es espiritual (*su naturaleza*). La fe es extraordinaria (*su carácter*), puesto que es un don de Dios (*su procedencia*). *La fe*, como declarativa, sólo puede ser recibida, entendida y comunicada por la predicación y seguida recesión del *Evangelio*. Pero, ¿qué es lo que da el Espíritu; una declaración o una capacidad de *la fe? Cristo* es el autor de *esta,* y *el Espíritu Santo* su impartidor. Y, de nuevo, Cristo es el consumador de la fe nuestra.

Es peligroso socavar la realidad de la procedencia de *la fe,* que es un Don de Dios.[9] El Evangelio es el eterno Verbo encarnado, y es "poder de Dios". La fe es deliberada por el poderoso mensaje del evangelio de Jesucristo.[10] Pero la fe es impartida soberanamente por el Espíritu de Dios. Es prácticamente imposible comprender en el momento en que la fe asalta al corazón humano. Jesús mismo halló mucha fe en muchos en Israel, que sugiere que la tenían antes de su encuentro con el Señor. A la mujer siro-fenicia le dijo: "mujer, ¡grande es tu fe!"[11] Sobre el militar romano que tenía a un siervo enfermo dijo el Señor: "Ni aún en Israel he hallarlo tanta fe". Esto hace de la fe, a lo menos en parte, un misterio.[12]

La fe propicia la justificación y el nuevo nacimiento. La fe caprichosa no es la fe bíblica. Por ejemplo, la fe de un misionero que espera recibir soporte financiero de alguien, no es la fe bíblica y salvadora. Tampoco es fe verdadera creer que alguien se va a sanar de alguna enfermedad. Esas son fe, pero no la fe que justifica al pecador.

La fe justificadora o salvadora tiene un fundamento firme, a saber, el Cordero inmolado, Jesucristo, el Hijo de Dios, el Señor, el cual es su Autor y Consumador. Esta fe, solo puede ser impartida por el Espíritu Santo.

A resumidas cuentas, la fe es espiritual de principio a fin, y en cuanto sustancia, escapa a lo netamente declarativo. Pero, la fe que salva y obra en justicia debe estar puesta "Sólo en Jesús", el Cristo

---

9 Efesios 2.8-10.
10 Efesios 1.11-14.
11 Mateo 15.28.
12 *Ver* 1 Timoteo 3.9.

revelado en las Escrituras. Cualquier concepción distinta de la fe, no es "fe" ni bíblica ni salvadora. De ahí que:

"Porque por gracia sois salvos por medio de la fe; y esto no de vosotros, pues es don de Dios; no por obras, para que nadie se gloríe..." [13]

Y también:

"Mas el fruto del Espíritu es amor, gozo, paz, paciencia, benignidad, bondad, fe..." [14]

La fe que salva es espiritual, pues es el fruto del Espíritu, y sin duda alguna "es un don de Dios". No procede de nosotros, ni siquiera en una microscópica gota. La salvación es impartida al hombre exclusivamente por esa fe, y nunca de ningún otro modo, ni por ninguna otra gracia. Imposible que la salvación sea por obras o mérito alguno de criatura cualquiera. Las buenas obras (obras de amor y misericordia) son consecuencia de la fe, y ni siquiera dichas obras pueden generar la salvación. Nadie tiene de que gloriase ante Dios. Todo cuanto creemos, tenemos, somos, hacemos o se nos permite hacer, esperamos, etc., procede enteramente de Dios. Aún una hoja de un árbol, la pluma de un pajarito, el nacimiento de un bebé y la regeneración del alma por la fe, son todas realidades en Cristo, por Cristo y para Él. No obstante, debemos estar claros respecto de la fe, como lo ilustró Bonar:

"La fe no es nuestro médico. Meramente nos lleva al Médico. Ni siquiera es nuestra medicina, sólo administra la medicina, preparada divinamente por él, quien "sana todas las enfermedades".[15]

---

13 Efesios 2.8, 9. (Énfasis mío)
14 Gálatas 5.22. (Énfasis mío)
15 Bonar, Horatius: "No la fe, sino Cristo". El Evangelio de la Gracia de Dios. Versión Kindle.

En el capítulo siguiente ampliaremos el asunto de "el objeto de la fe salvadora". Y en el capítulo cinco (5) de esta obra trataremos lo concerniente al cómo y al cuándo se adquiere la fe. A continuación (cap. 4), disertaremos sobre su objeto.

(Énfasis mío)

CAPÍTULO 4

EL ÚNICO OBJETO DE LA FE SALVADORA

Jesús no sólo es el autor de nuestra fe,[1] Él es también el objeto de ella.[2] Calvino lo dijo del siguiente modo:

"El fin único de toda fe verdadera es *Jesucristo*".[3]

La fe vino con la simiente (según la promesa). Antes de la fe, los hombres estaban acuartelados bajo un pedagogo (instructor) insuficiente y sin poder para salvar que se llama "la ley".

"Pero antes que viniese la fe, estábamos *confinados*[4] *bajo la ley, encerrados para aquella fe que iba a ser revelada*".[5]

No que la fe no existiera antes, claramente "*creyó* [*tuvo fe*] Abraham a Dios…", 2000 años antes de Cristo.

En lo tocante a ser un don del Espíritu, no debemos suponer que Dios obtuvo el don de la fe en algún momento. Dios poseía consigo en la eternidad los dones que daría a los redimidos en el futuro. Dios, siendo el autor de la fe, no necesita de la fe. La fe es para los hijos de los hombres, en especial la salvadora. Los ángeles "creen", pero no para ser salvos por su fe.

---

1 *Ver* Hebreos 12.1, 2.
2 *Comp*. 1 Pedro 1.18-21.
3 Calvino, Juan. Institución. Tomo I, pág. 405.
4 Gr. *fryreo*: bajo custodia militar, bajo protección militar para prevenir invasiones o daños.
5 Gálatas 3.23. (Énfasis mío)

El asunto con la fe antes de Cristo es que tenía ciertas limitaciones porque el "único objeto" de ella (Cristo) no había sido plenamente revelado, estaba velado, a lo menos parcialmente. Cristo, a ese punto, era "un misterio escondido" a los antiguos. Su manifestación estaba reservada, y el misterio permaneció enrollado hasta que apareció Cristo.[6] Entonces, puesto que la fe es sustancial, aun cuando el objeto de ella no estuvo claro, no obstante, tal fe era salvadora.

Así se escucha el grito de la fe y su único objeto:

"Por tanto… despojémonos de todo peso y del pecado que nos asedia, y corramos con paciencia la carrera que tenemos por delante, puestos los ojos en Jesús, el autor y consumador de la fe…"[7]

Entonces:

"Sabiendo que [ya] fuisteis rescatados de vuestra vana manera de vivir, la cual recibisteis de vuestros padres, no con cosas corruptibles, como oro o plata, sino con la sangre preciosa de Cristo [o sea, el precio del rescate], como de un cordero sin mancha y sin contaminación, *ya destinado desde antes de la fundación del mundo, pero manifestado en los postreros tiempos* por amor de vosotros, y mediante el cual creéis [gr. *pisteuō*. Verbo cuya forma sustantiva es fe [*pitis*] en Dios, quien le resucitó de los muertos y le ha dado gloria, para que vuestra fe (gr. *pistis*) y esperanza (gr. *elpis*) sean en Dios".[8]

La fe que salva al impío y pecador tiene un sólo objeto, a saber, Jesucristo, el Hijo de Dios hecho hombre, muerto, sepultado, y resucitado al tercer día por el Espíritu de Santidad, el cual ascendió al cielo, sentándose a la diestra de Dios, en Su gloria y majestad.

---

6 *Ver* Efesios 3.1-11.
7 Hebreos 12.1-2a. (Énfasis mío)
8 1 Pedro 1.18-21. (Énfasis mío)

Tal fe es mediante Cristo (v.21), y es en Dios, igual que la esperanza gloriosa de la fe.

Por eso mismo también dice:

"*Hizo además Jesús muchas otras señales en presencia de sus discípulos, las cuales no están escritas en este libro. Pero éstas se han escrito para que creáis* (gr. *pisteuō*) *que Jesús es el Cristo, el Hijo de Dios, y para que creyendo* (gr. *pisteuō*), *tengáis vida en su nombre*".[9]

En quien tenemos que creer (poner la fe) es en Cristo. El resultado de tal acción es "recibir vida en Su nombre (por su Autoridad)".

La fe, como puede entonces observarse, nos lleva a pronunciar (y a estar convencidos), de boca y corazón, una fórmula cristológica y trinitaria que contiene los elementos del conocido "Credo Apostólico" que reza:

"Creo en Dios Padre Todopoderoso, Creador del cielo y de la tierra; creo en *Jesucristo, su único Hijo, Señor nuestro; que fue concebido del Espíritu Santo, nació de la virgen María, padeció bajo el poder de Poncio Pilatos; fue crucificado, muerto y sepultado; descendió a los infiernos [ligar de los muertos]; al tercer día resucitó de entre los muertos; subió al cielo, y está sentado a la diestra de Dios Padre Todopoderoso; y desde allí vendrá al fin del mundo a juzgar a los vivos y a los muertos.*

Creo en el Espíritu Santo, y [creo] en la Santa Iglesia Católica (o Universal) [el cuerpo de Cristo], [y creo] en la comunión de los santos, [y creo] en el perdón de los pecados [el bien ya obrado], [y creo] en la resurrección de la carne y en la vida perdurable [nuestra esperanza]. Amén".[10]

---

9 Juan 20.30-31. (Énfasis mío)
10 Énfasis y corchetes míos.

Cualquier otro objeto de tu fe, aparte de Cristo, resulta en una experiencia que no es ni bíblica, ni salvadora.

Cristo no comparte su gloria con nadie. Muchos religiosos pretenden tener fe, sólo que el objeto de la fe de ellos no es "Sólo Cristo". Para algunos, Cristo es el mediador, y María, su madre, la *Mediadora, Intercesora* y *Abogada* de ellos; es también, según tal perversión de la fe, la *Reina* del cielo, y *Madre* de todos los vivientes, a la vez que *Señora* de ellos.

Para ese mismo grupo, p. ej., Cristo ascendió al cielo y está sentado a la diestra del Padre en Su Majestad, y también su madre (María) eventualmente ascendió y se sentó en el trono divino como "Reina y Madre". Esa fe condena. Esa es la fe de la tradición. No es fe bíblica. Es el veneno del Papa.

La fe bíblica es en "Cristo Sólo". Cristo es el único Señor.[11] Cristo es el único Mediador.[12] Cristo es el único ascendido y entronado al cielo, al lado del Padre.[13] Cristo es el único Redentor.[14] Cristo es el único Salvador.[15] Cristo es el único Abogado nuestro.[16] Cristo es Dios, de ahí sus honorables méritos. ¡Amén!

Cristo es el exclusivo objeto de la fe salvadora. Así dice la Palabra divina:

"Porque hay un solo Dios, y un solo mediador entre Dios y los hombres, Jesucristo hombre".[17]

"Y en ningún otro hay salvación; porque no hay otro nombre bajo el cielo, dado a los hombres, en que podamos ser salvos [Jesucristo]".[18]

---

11 *Cons.* 1 Corintios 8.6.
12 *Comp.* 1 Timoteo 2.5.
13 *Ver* Mateo 28.18ss; Hechos 1.6-8.
14 *Comp.* Efesios 1.7.
15 *Ver* Hebreos 4.12.
16 *Cons.* 1 Juan 2.1.
17 1 Timoteo 2.5.
18 Hechos 4.12. (Énfasis mío)

Para gloria de Dios Padre, y para la salvación, hemos de creer que sólo Jesucristo es Redentor, Mediador, Abogado, Señor y Dios nuestro. *Jesucristo es*, por tanto, *el único objeto de la fe verdadera y bíblica*.

LAS ESCRITURAS SON EL MANUAL DE LA FE

Pero, estimado lector, es posible tener el objeto verdadero, a saber, Jesucristo, y estar completamente errados en cuanto a la fe.

La sustancial diferencia entre un cristianismo místico y uno ortodoxo es el lugar donde descansa la autoridad desde donde extraen sus dogmas. El cristianismo místico no necesariamente está equivocado en sus postulados, si bien a menudo raya la heterodoxia. ¿Cuál es la razón?

La razón del misticismo "cristiano", e incluso de otras "fe" en Cristo que son espurias, suele ser el lugar que se le concede a las Escrituras (la Santa Biblia).

El objeto de 'la fe nuestra' es "Sólo Cristo". Pero no un Cristo conforme a nuestra especulación racional ni espiritosa. Es el Cristo de las Escrituras, y sólo ese Cristo. Un "Cristo" de sueños, revelaciones, imaginaciones, etc., podría coincidir con el de las Escrituras, pero no es seguro.

Cristo, el objeto de la fe salvadora, no debe ser concebido según nosotros entendamos. El Cristo que salva es el Cristo de las Escrituras, creyendo en Él, conforme a las Escrituras.

Posiblemente la mejor fórmula doctrinal, que respira las Escrituras, es la resolución del Concilio de Nicea, donde se condenaron el ebionismo y el arrianismo. Reza así:

"Creemos en un Dios, el Padre todopoderoso, creador de todas las cosas, visibles e invisibles, y [Creemos] en un Señor, Jesucristo, el Hijo de Dios, el Unigénito del Padre, es decir, de la substancia del Padre; Dios de Dios, luz de luz, verdadero de Dios de verdadero Dios, engendrado, no creado, consubstancial con el Padre, por quien todas las cosas fueron hechas, tanto en el cielo como en la tierra; quien por nosotros los hombres, y para nuestra salvación, descendió, se encarnó, se hizo hombre, sufrió, y resucitó al tercer día: ascendió a los cielos y vendrá a juzgar a vivos y a muertos: Y [Creemos] en el Espíritu Santo. Pero la Santa Iglesia Apostólica de Dios anatemiza a los que afirman que hubo un tiempo cunado el Hijo no era, o que no era antes de ser engendrado, o que fue hecho de cosas que no existían: o que dicen, que el Hijo de Dios era de cualquier otra substancia o esencia, o creado, o sujeto a cambio o a conversión".[19]

El concilio de Nicea tuvo lugar en el año 325. En dicho concilio se condenó la herejía conocida como arrianismo; también fue anatemizado el sabelianismo o modalismo. Fue en ese contexto que se generó la anterior fórmula cristológica.

Pero casi siglo y medio después, en el concilio de Calcedonia (en 451), luego del surgimiento de varias otras herejías ajenas en Nicea (como el eutiquianismo o monofisismo), se enmendó la fórmula de Nicea, resaltándose entonces la siguiente formula cristológica:

"Por tanto, todos nosotros, con un solo consentimiento, siguiendo a los santos Padres, enseñamos a los hombres a confesar al único y mismo Hijo, nuestro Señor Jesucristo, que es perfecto en deidad y también perfecto en humanidad; verdadero Dios y también verdadero Hombre, de un alma y cuerpo racionales, consustancial con el Padre según la Deidad, y consustancial con nosotros según la humanidad; igual que nosotros en todas las cosas, pero sin pecado, engendrado del Padre según la deidad, y en estos últimos tiempos para nosotros y para nuestra salvación, nacido de la virgen María, la madre de Dios, en cuanto hombre; uno y el mismo Cristo, Hijo, Señor, Unigénito, que debe ser reconocido en dos naturalezas, inconfundible (*assugustos*), inmutable (*atreptos*),

---

19 Carballosa, Evis Luis. La Deidad de Cristo. Págs. 18, 19. (Corchetes añadidos)

indivisible (*adiairetos*), inseparable (*choristos*), cuya distinción de naturalezas de ninguna manera es eliminada por la unión, sino que mas bien la propiedad de cada naturaleza es preservada, y concurriendo en una sola persona y una subsistencia, no separado o dividido en dos personas, sino una sola persona y el mismo Hijo, el Unigénito, Dios la Palabra, el Señor Jesucristo; como los profetas desde el principio han declarado concerniente a Él, y el Señor Jesucristo mismo nos ha ensenado, y el credo de los santos Padres nos lo ha alcanzado".[20]

En estas fórmulas se rebaten casi todas las herejías habidas y por haber respecto al Señor Jesucristo. Posteriormente, se condenó el semi-pelagianismo en el concilio de Orange, en el 529, y el monoteletismo en el concilio de Constantinopla III, en el 680-81.

La doctrina de Cristo ha sido objeto de toda clase de ataques en el tiempo. Pero gracias al amor por la verdad de los Padres y los pastores y teólogos de las generaciones previas a la edad oscura, la doctrina de Cristo fue claramente declarada, conforme a las Escrituras. Pero tomó más de medio milenio librar la lucha.

Nosotros debemos hacer caso a la Palabra Profética más segura, y estar atentos a ella como a una antorcha que alumbra en lugar oscuro, hasta que Cristo regrese. Incluso Pedro y los apóstoles, que oyeron la mismísima voz de Dios desde el cielo que dijo: "este es mi Hijo, el Amado, en quien me complazco; a Él oigan", ellos nos alientan a estar atentos a "la Escritura".

Cuando vienen cristianos con revelaciones y sueños, incluso sobre asuntos de Cristo, usted no está obligado a oírlos. Ya Dios fue claro con su voluntad; y quienes fueron testigos oculares del Señor, no por meras visiones o sueños, nos dejaron constancia perfecta, verdadera e inspirada de quien es nuestro Señor. Incluso con una cantidad de detalles impresionantes sobre su carácter, su persona, sus obras, sus discursos, sus amigos, sus refranes, su teología, sus enseñanzas, hasta su apariencia y gloria. ¿Qué más quisieras saber de Él? ¿No fue acaso

---

20   Berkhof, Luis. Historias de las Doctrinas Cristianas. Págs. 135, 136.

suficiente Dios con el testimonio profético y apostólico? ¡Escapemos de la simpleza! ¡Vallamos a lo claro y verdadero! ¡Evitemos las estafas! El "único" objeto de la fe que nos ha sido dada de una vez por todas es Cristo; y este objeto no debe estar basado en las especulaciones de los hombres, sino en el testimonio de Dios en las Escrituras.

CAPÍTULO 5

CÓMO Y CUÁNDO SE ADQUIERE LA FE

Hasta aquí hemos definido la fe, al igual que hemos establecido su único objeto, conforme a las sagradas Escrituras. Nos corresponde todavía discernir lo relacionado al *cómo*, al *cuándo* y el *para qué* de la fe.

RESPECTO A CÓMO NOS VIENE LA FE

La actitud y el entendimiento generalizado, incluso en la media mundial de los evangélicos, es que la fe es algo propio del hombre, y a lo menos, adquirido en algún modo por el mismo ser humano. Pero como hemos demostrado hasta aquí la realidad sobre esta doctrina es que se trata de "un don de Dios". La fe se adquiere *por disposición divina*, puesto que *es un don de gracia*. Este don *es impartido por el Espíritu Santo, en el contexto de oír el Evangelio*. La Escritura dice:

"La fe es por el oír, y el oír, por la Palabra de Dios".[1]

El siguiente texto resuena en lo profundo del tímpano auricular del hombre de fe:

"¿Cómo, pues, invocarán a aquel en el cual no han creído? ¿Y cómo creerán en aquel de quien no han oído? ¿Y cómo oirán sin haber quien les predique? ¿Y cómo predicarán si no fueren enviados?"[2]

---

1 Romanos 10.17.
2 Romanos 10.14, 15a. (Énfasis mío).

Estos textos, entre otros tantos, nos deja saber de la procedencia de la fe y de cómo se adquiere la fe salvadora. La fe es recibida por un decreto de Dios. Dios es el diseñador y el único operador y administrador de su plan redentor. Nadie le dio consejo jamás. En todo esto, ha dado capacidades y dones de anunciar el evangelio a los hombres, y los ha enviado. Si Dios no obra de ese modo, es imposible que los paganos lleguen a la fe. Pero henos aquí, tu y yo, creyentes, éramos gentiles e impíos; pero, *aun siendo impíos y pecadores, a su tiempo Cristo murió por nosotros.* Luego que el Señor nos redime, nos envía a anunciar a otros "sus virtudes".

¡Este plan de Dios es simplemente excepcional! Y ¡Atención! "Es inclusivo". No es inclusivo sólo en virtud de que nos salva, sino porque al mismo tiempo nos ha hecho *"participantes de la naturaleza divina"*, al darnos su Espíritu,[3] y nos ha enviado a su misión redentora.

El mismo Señor Jesucristo, el objeto de nuestra fe, quien es el autor, consumador, administrador y dispensador de la fe, nos ha investido, capacitado y enviado a anunciar el evangelio de su reino.[4] Es un conocimiento tan maravilloso que apenas podemos entender su magnitud. El Señor mismo nos ha salvado, capacitado y enviado a rescatar a otros de las densas tinieblas en las que están inmersos. ¡Aleluya!

Así que, a la pregunta: ¿Cómo se adquiere la fe? Es necesario responder que *la fe es adquirida sólo por disposición de Dios al obrar por su Espíritu en los corazones de aquellos que son expuestos al evangelio de Jesucristo.* La fe es un don, una gracia. La fe yace en el banco divino y es administrada exclusivamente por la divinidad en su propio consejo.

Cualquiera podría entonces pensar que el papel del hombre es pasivo en este asunto. No obstante, dice que *"la fe es por el oír, y el oír, por la Palabra de Dios".* El hombre debe procurar oír el evangelio; a la vez que tal evento no sucedería a no ser por el Decreto de Dios.

---

3 *Ver* 2 Pedro 1.3, 4; Efesios 1.13,14; Romanos 5.5; 8.9.
4 *Comp.* Mateo 28.20-22.

Pero debemos entender que el desear a Dios es un afecto totalmente muerto en el pecador no regenerado.[5] Por lo que, quienes somos de la fe debemos hacer todo esfuerzo posible para procurar que los incrédulos oigan. Del mismo modo, incluso con más urgencia, debemos procurar que nuestros hijos sean expuestos al evangelio.

El cirujano puede operar, pero el paciente debe ser llevado al quirófano. De hecho, sería imposible que el cirujano haga un trasplante, por ejemplo, o una cirugía a corazón abierto, fuera del quirófano, a pesar de su sapiencia.

La responsabilidad activa recae sobre los hombres y mujeres de fe, no en el perdido en este sentido. ¿Cómo oirán, sin haber quien les predique? Y del mismo modo, Dios obra enviándonos: ¿Cómo predicarán, si no fueren enviados?

Los muertos (hombres y mujeres sin Cristo), deben ser llevados a los lugares de exposición, o debe hablárseles a esos muertos ultratumba para que desde dentro de sus sarcófagos sepultados un metro bajo tierra, y encadenados y custodiados por el diablo, puedan oír el Evangelio que por la acción del Espíritu que engendra la fe en los pecadores. ¡Esta es la gloriosa encomienda nuestra! ¡Es el sagrado deber de todo creyente provocar que los perdidos puedan oír!

Deberíamos tener la pasión por acuñar como nuestro el título y el espíritu de la obra cumbre de William Carey:

"Enquiry: Una investigación de la obligación de los cristianos a usar medios para la evangelización de los pueblos paganos".

Aun cuando estemos convencidos de la soberanía y los decretos de Dios en la salvación (como en efecto lo es), así como de la exclusividad administrativa divina del don de la fe; es nuestro sagrado deber, al mismo tiempo, reconocer nuestra imposibilidad de entender los designios del Padre, y actuar en consecuencia de su comisión. El mismo Señor dijo:

---

5 *Ver* Romanos 3.9-19; Efesios 2.1-4.

"Y Jesús se acercó y les habló diciendo: Toda potestad me es dada en el cielo y en la tierra. Por tanto, id, y haced discípulos a todas las naciones, bautizándolos en el nombre del Padre, y del Hijo, y del Espíritu Santo; enseñándoles que guarden todas las cosas que os he mandado; y he aquí yo estoy con vosotros todos los días, hasta el fin del mundo. Amén".[6]

Tu y yo sólo deberíamos responder al unísono con nuestro Señor: ¡Amén!

Es orgullo pecaminoso, y, por tanto, una fe defectuosa, el hecho de dejar de hacer todos los esfuerzos posibles en favor de quienes no conocen al Señor. Los paganos deben saber las "buenas noticias". Nadie más las sabe ni ha experimentado sus efectos, excepto tú y yo (los santos de Dios).

El día cuando comparezcamos ante el tribunal de Cristo, se nos pedirá cuenta de este deber cumplido o incumplido; del mismo modo como se nos pedirá cuentas del resto de nuestras obras de justicia y de la luz que irradiamos o no.[7]

¡Si eres pasivo o tímido en llevar la luz del evangelio de vida a los muertos, ruega al Padre por pasión y dirección para anunciar a Cristo a todos! En nadie será engendrada la fe fuera de la arena del evangelio, y nadie vendrá a la fe sin el anuncio del evangelio. De ahí entonces el marcado anuncio apostólico:

"¿Cómo, pues, invocarán a aquel en el cual no han creído? ¿Y cómo creerán en aquel de quien no han oído? ¿Y cómo oirán sin haber quien les predique? ¿Y cómo predicarán si no fueren enviados?"[8]

---

6   Mateo 28.18-20.
7   *Ver* Mateo 5.14-16.
8   Romanos 10.14, 15a. (Énfasis mío)

SU NATURALEZA Y PROPÓSITO

LO REFERENTE AL ORDEN EN QUE NOS VIENE LA FE

Una vez entendemos la naturaleza y procedencia de la fe, no resulta difícil entender el cómo nos llega la fe. Pero el asunto del cuándo, es un poco más complicado. De hecho, tiene ciertos elementos que permanecen misteriosos aun en la data bíblica.

Esta es la dificultad aquí:

> La fe viene por el oír el evangelio cuando éste es predicado. El Espíritu Santo hace morada en nosotros, sellando al creyente, como fruto de oír y creer en el evangelio. (Efesios 1.13, 14)
>
> La fe es el fruto del Espíritu, es decir, es infundida en el creyente como un don espiritual. (Gálatas 5.22; 1 Corintios 12.9)

Pareciera un asunto paradójico. La fe es un don de Dios impartido por el Espíritu, pero una persona recibe el Espíritu por la fe.

No es necesariamente una paradoja, ni algo contradictorio. Deberíamos, entonces, ver la operación del Espíritu en etapas, como en etapas Dios ejecuta el *ordo salutis*. Es decir, deberíamos ver una línea de tiempo o un lapso entre la regeneración espiritual, que es la obra del Espíritu en los corazones de los hombres impartiendo vida espiritual, iluminando el entendimiento entenebrecido del pecador para que comience a ver la luz de Cristo, ordenando sus afecciones hacia Dios, para que el pecador comience a ver la gloria y la belleza de Cristo, entre otras acciones espirituales.

La conclusión aquí es que la fe, en cuanto a don, es una operación del Espíritu que es dada a los escogidos entre la regeneración y la justificación, y, por tanto, antes de la recepción o habitación del Espíritu en el creyente. Somos regenerados, creemos y somos justificados por la fe, a través del arrepentimiento y la conversión, que provocaran la habitación del Espíritu Santo en el creyente.[9]

---

9 Juan 3.3, 5; Hechos 2.38; 8.36, 37; Romanos 3.21-23; 5.1; Efesios 1.13, 14; Tito 3.6.

ALGUNOS ASUNTOS SOBRE LA OBRA DEL ESPÍRITU QUE PARECEN CONFUSOS

Con lo dicho en el título anterior, hay pasajes que parecieran paradójicos a este punto, por lo menos a primera vista. Hay pasajes como Hechos 8.14-17 que nos muestran un grupo de gente que creyó sin haber sido investido con el Espíritu Santo, por lo menos haciendo un análisis llano del pasaje.

También encontramos otros pasajes que en una lectura superficial pareciera invertir lo mostrado en Hechos 8.14-17. Uno muy conocido es Hebreos 6.4, 5.

Este aspecto de la doctrina de la fe no es para nada llano ni sencillo.

Es necesario que entendamos que 'el sello con el Espíritu', 'el Recibir el Espíritu', 'el ser bautizados con el Espíritu', 'el ser llenos del Espíritu' (que representan expresiones sinónimas del mismo evento), no son la representación de toda la acción y la obrar del Espíritu Santo. Tampoco representan una "segunda obra de gracia". De hecho, es absolutamente necesario entender que la regeneración es una obra del Espíritu, y antecede a la recepción, sello, bautismo y llenura del Espíritu, por lo menos en algún orden.

El flujo de los eventos en la salvación, una obra de gracia, procedente enteramente de Dios, incluye mucho trabajo y determinación divina previo al acto de la justificación. El *ordo salutis*, como se nombra en el argot teológico, implica todo un plan, un programa y un proceso.

Los pasajes que mejor explican la regeneración o el nuevo nacimiento son justamente Juan 1.10-13; Juan 3.3, 5. Efesios 1.13, 14 explica el fenómeno de la regeneración y el evento del sellamiento o la investidura con el Espíritu al creyente. Desarrollaremos este asunto en el cap. 7 de esta obra.

De hecho, aparte de la regeneración, existe la iluminación espiritual, que aparentemente puede acontecerle al no regenerado, y fue degustada por personas que hoy yacen en el infierno.[10] Es menester aclarar aquí que los reformadores, incluso los del concilio de Dort, no vieron una diferencia entre la regeneración y la iluminación del Espíritu. Pero creo justo plantearla.

Si confundimos los hechos, nuestra teología será defectuosa. Hay beneficios espirituales a personas no escogidas. Quizás el ejemplo de Balaam sea una de los mejores, aparte de los presentados en Hebreos 6 y 10. Algunos preguntan que cómo es posible que los discípulos fueran evidentemente creyentes y regenerados antes de la habitación permanente del Espíritu en ellos, según se observa en Hechos 1, 2 y 9.

Algunas veces la investidura con el Espíritu involucraba la práctica de la imposición de las manos por parte de los apóstoles, pero en Hechos 2 y 10, dos de las cuatro veces en que el Espíritu se manifestó de forma palpable o audible en el libro de los Hechos (en Jerusalén ambas veces), este no fue el caso.

Creo que el fluir de la revelación divina nos muestra claramente 'etapas' en las operaciones del Espíritu Santo en los escogidos. De hecho, los creyentes somos mandados a ser llenos del Espíritu Santo, por ejemplo.

Quizás un buen ejemplo sea el etíope eunuco, el tesorero de la reina Candace de Etiopia que nos muestra Hechos 8.26-42. Y otro claro ejemplo puede ser el caso del Alto Mando Romano llamado Cornelio (en Hechos 10). Claras operaciones del Espíritu, antes de que incluso hubieran oído la predicación del Evangelio de Cristo, pero ambos dan fe de ser piadosos y expuestos a las Escrituras anterior al encuentro con Cristo.

Ciertos asuntos espirituales permanecen en el plano de los misterios, por lo que tales asuntos no son necesarios para la salvación y la vida plena en Cristo. Pero estas realidades no implican que echemos a un lado tales doctrinas relativamente oscuras.

---

10   *Ver*, por ejemplo, Hebreos 6.4-6; 10.26-29.

CAPÍTULO 6

LA FINALIDAD DE LA FE NUESTRA

"*...Obteniendo el fin de vuestra fe, que es la salvación de vuestras almas*".[1]

"*Justificados, pues, por la fe, tenemos paz con Dios por medio de nuestro Señor Jesucristo*".[2]

"*Concluimos, pues, que el hombre es justificado por la fe, sin las obras de la ley*".[3]

"*Mas a todos los que le recibieron, a los que creen (ejercen fe) en su nombre, les dio la potestad de ser hechos hijos de Dios*".[4]

"*En quien [en Su amado Hijo -v.13] tenemos redención por su sangre, el perdón de pecados*".[5]

Cómo puede ser justificado el pecador? ¿Cómo es redimido y libertador el esclavo del pecado? ¿Por medio a qué ocurre la regeneración espiritual? ¿Qué es menester hacer para ser adoptados y renacido en Dios? ¿Son acaso posibles estas cosas solo "por la fe en Jesucristo" como predican los evangélicos?

---

1 1 Pedro 1.9. (Énfasis mío)
2 Romanos 5.1. (Énfasis mío)
3 Romanos 3.28. (Énfasis mío)
4 Juan 1.12. (Énfasis mío)
5 Colosenses 1.14; Efesios 1.7. (Énfasis mío)

LA FE Y NUESTRA VOLUNTAD

La fe es distinta a todas las otras gracias dadas por Dios a los santos, tanto debido a su alcance y finalidad salvadora, como al cambio que esta provoca en la voluntad.

El cristianismo, incluyendo su ala ortodoxa, ha estado fraccionado en dos grandes carriles históricos que se engloba en lo que hoy conocemos como arminianismo y calvinismo, que antes de los días de la Reforma era conocido como agustinianismo y semi-pelagianismo, y un siglo antes de Arminio, incluso, el semi-pelagianismo tomó forma en el Menonismo (los padres Anabautistas solían ser agustinianos, pero pronto comenzaron a haber semi-pelagianos, especialmente a partir de Menno Simons).

Entre arminianos y calvinistas no hay diferencias respecto al objeto de la fe, a saber, Cristo solamente; pero sí hay marcadas diferencias con relación a la procedencia de esta gracia. El pelagiano la hace descansar plenamente en el hombre. El semi-pelagino y el molinista piensan que si bien "indiscutiblemente el hombre en la caída perdió la justicia original, por lo que necesita indefectiblemente la gracia de Dios para adquirir la justificación, no obstante, entienden que la gracia está a disposición de todos. La consigue el que se esfuerza por alcanzarla".[6] Incluso creen que en la "gracia común" el hombre común puede evitar ser malo y pecador, en abierta oposición a las Escrituras, según entendemos. Este es exactamente el mismo rezo del menonita y del arminiano.

Pero, el ala calvinista entiende que todo hombre, antes de la regeneración espiritual, es depravado total. No que hace todo el mal que puede, sino que no puede hacer ninguna obra buena en sí, en tal estado. Es decir, que por más correcta que sean los actos del hombre, están siempre infectados de la naturaleza pecaminosa y caída, por tanto, de orgullo e incorrectas motivaciones.

Ahora bien, el problema es de fondo y de forma a la vez. Tanto el semi-pelagiano como el arminiano, y para que mencionar al pela-

---

6 Lacueva, Francisco. Las Doctrinas de la Gracia. Pág. 42.

giano *per se*, piensan que la apropiación de la gracia de la salvación es una prerrogativa y una decisión exclusiva de la voluntad humana.

Aquí es que toca fondo la diametral diferencia entre un bando y el otro, incluso, mayor que la antagonía que se genera en la doctrina de la expiación (sobre si es limitada o universal). El calvinista trata este asunto en su propuesta denominada "gracia irresistible".

La indispensable cuestión de la expiación, sea desde la perspectiva calvinista, semi-pelagiana, arminiana, hiper-calvinista, o fulleriana es seria y de suma trascendencia para la correcta comprensión de las doctrinas de la salvación. La cuestión de la procedencia, tanto de la fe como de las demás gracias salvadoras, pesa mucho.

Si la fe es humana, entonces, sin duda, la gracia salvadora es un bien común y universal; pero si la fe salvadora es de procedencia divina, sea esta vista como sustantiva o como declarativa, entonces queda sobreentendida la particularidad de la expiación para los fines de su eficacia en materia salvadora. Si es un bien espiritual, pero sujeto a la voluntad del individuo, entonces Dios puede ser sorprendido y asaltado, y de facto, Él no maneja los números finales de los redimidos. Y si se cree en la opción anterior, y se propone que Dios sí maneja las estadísticas de su plan, puesto que lo que sucedió fue que Dios eligió por previsión de algo bueno en las criaturas que habrían de creer, entonces la salvación sigue siendo una determinación del hombre.

Ya hemos expresado que creemos que el equilibrio de Fuller sobre la doctrina de la expiación es digno de ser notado. Pues, aunque la entendió como limitada en el sentido salvador, también se desbordó, igual que lo ha hecho Piper, mostrándonos los múltiples y universales beneficios de la expiación de Cristo, más allá de la evidente e indispensable exclusividad sustitutiva.

El correcto entendimiento de estos asuntos en cuestión apunta a un correcto entendimiento de la vida cristiana cotidiana y las tareas eclesiásticas y misionales, en tanto que trata sobre 'la medida en que son afectadas la fe y la voluntad humana'.

Un híper-calvinista es fatalista. Por su parte, un sandemaniano[7] es un asesino de las emociones, tan pernicioso como el híper-calvinismo. Sandeman creyó que si la fe tiene algún movimiento de la mente, o de la voluntad, o de los afectos hacia Dios, entonces sería una acción, y por tanto, una obra, y por ello, comprometería la doctrina [de la justificación por la fe sola].[8]

Para Fuller, entonces, ambas formas, el hiper-calvinismo y el sandemanianismo, eran erróneos. Dijo Fuller:

"Cortar las raíces de la fe en la regeneración, y despojar a la fe de su santidad y negar su impulso activo a producir el fruto del amor (Gálatas 5.6) es convertir a la iglesia en una reunión intelectualista de personas pasivas que están temerosas de sus emociones y a quienes les falta pasión por el culto y las misiones".[9]

Cierto es que la fe crece con la progresiva comprensión de las doctrinas del evangelio,[10] en tanto que es una virtud; pero es a la vez una gracia que afecta todo el ser, incluyendo nuestros afectos y emociones. Agustín, hace más de 1500 años, se refirió a este nexo entre la fe y la voluntad. Expresó el citado teólogo: "la fe es lo que moviliza la voluntad, o lo que es mejor, es un cierto movimiento de la voluntad".[11]

Calvino comprendió la fe no sólo como una capacidad, así como un vaso es llenado, sino que también entendió que la fe engendra otras virtudes como el amor.[12] La cita anterior muestra que Fuller

---

7 Sandeman creía que la fe es un asunto del intelecto, una persuasión pasiva de la verdad en la que la mente no es activa; y que para alguien portarla, no es necesario que sea un regenerado, por lo cual queda ajena a la voluntad misma, sino relegada a la región meramente cognitiva del individuo. (Para una mayor comprensión, consultar: Andrew Fuller, quinta parte, por John Piper, ed. Crossway).
8 Piper, John. *Andrew Fuller*. Pág. 46.
9 *Ibidem*. Pág. 47.
10 Ver Efesios 1.15-19; 3.14-17.
11 Garrett, J. L. Teología Sistemática. Tomo II, pág. 251.
12 *Ver* Garrett, J. L. Teología Sistemática. Tomo II, pág. 252.

pensaba semejante a Calvino en esto.

En el mismo tenor, el Dr. Sproul, además de comprender lo sustancial de la fe y su realidad como virtud, la definió como "aquella gracia que alimenta la esperanza".[13]

Fuller, por su parte, y muy acertadamente, entendió la fe como *una gracia receptora* al escribir: "La fe es peculiarmente una gracia receptora, y ninguna otra lo es".[14]

Aunque me faltaría más investigación para afirmar lo que dijeron Agustín, Calvino y Sproul sobre la fe al mismo grado que ellos, no debe quedarnos duda alguna respecto a que la fe es "una gracia especial".[15] En esto se enfocaba la defensa de Fuller. La fe es *una gracia especial* tanto en materia de su procedencia, a saber, divina, y por tanto sobrenatural, como en su facultad divina de engendrar la salvación (dígase: la justificación, la redención, la adopción, toda visión espiritual que nos encamina a conocer a Dios, el arrepentimiento, etc.).

La fe es una gracia especial y una gracia receptora, y talvez una gracia que engendra otras virtudes, una que, sin duda alguna, afecta o activa la voluntad para desear lo espiritual.

EL FIN DE NUESTRA FE

A estas alturas, creemos necesario reconocer que la fe, si bien es un *don* de Dios, también es "algo", pues "*nos ha sido dada*", en consecuencia, la fe "pertenece" a sus receptores, a saber, los redimidos.

En nuestro recorrido por las Escrituras hasta aquí, no creo que sea difícil notar que la fe resulta en salvación. Este vocablo "salvación", en boca del Dr. John Stott, es la sombrilla bajo la que se cobijan las figuras sinónimas o referentes a la salvación, así: justificación, regeneración, adopción y redención. Es decir, la suma de los logros de la fe es a lo que las Escrituras denominan "salvación".

La realidad de ser afectado por la fe salvadora es exactamente lo que genera en el creyente un estado de amistad y paz con Dios,

---
13 *Cons.* Sproul, R. C. ¿Qué es la Fe? Preguntas Cruciales No. 8. Cap. 1.
14 Piper, John. *Andrew Fuller.* Pág. 51.
15 *Ibidem.*

pues antes de creer éramos sus enemigos a muerte, contra quienes Dios estaba siempre airado. De hecho, antes de que llegara la fe, no queríamos saber nada de Dios, por el contrario, lo odiábamos. No queríamos que Dios se entrometiera en nuestras vidas. No queríamos ser gobernados por el Señor. Procurábamos vivir a nuestra manera. Antes de la fe, solíamos declarar cual lo hizo Israel en días del vidente Samuel: "No queremos ser gobernados a la manera de Dios, queremos ser como el resto del mundo, con sus gobernantes propios, constitúyenos un rey".[16]

Entonces, la soteriología o doctrina de la salvación descansa con exclusividad en la fe. Cierto es, como dijo Bonar, "la fe no es el Salvador", el salvador es Cristo. Pero, "sin fe es imposible agradar a Dios", y "sin fe es imposible la justificación del pecador". El dilema queda resuelto cuando comprendemos, como ya discutimos en el cap. 3, que *la fe salvadora* es un don de Dios impartida por el Espíritu a los que hallan gracia ante Dios. Es un acto soberano de Dios impartir la fe salvadora a aquellos a quienes el conoció y de antemano predestinó para que fuesen adoptados hijos suyos en el tiempo señalado. No podemos desviar ni un grado la realidad del único objeto de la fe, a saber, Cristo; quién es también su autor y consumador.

La tesis de Pink en su tratado "Estudios sobre la Fe Salvadora" despeja ciertas dudas al respecto. Reza así: "Hay una fe en Cristo que salva, pero también hay una fe en Cristo que no salva".[17] Pink no se enfrascó en los menesteres de definir la fe como tal, sino en mostrar sus resultados, como sucede con la vasta mayoría de los escritos sobre la fe en todos los tiempos. Es decir, hay fe en Cristo salvadora, y fe en cristo que no salva, cual la que profesan los demonios.

Pablo, por su parte, se refirió al hecho de "creer en vano".[18] Es decir, tener una fe en Cristo que no salva.

---

16 Una paráfrasis interpretativa mía de 1 Samuel 8.4-9. (Ver también Ezequiel 20.32)
17 Pink, A. W. La Fe Salvadora. (Versión digital)
18 *Ver* 1 Corintios 15.1, 2.

Jesús habló de una fe en Él que es "espuria".[19] De hecho, una fe con manifestaciones milagrosas y poderosas, casi idéntica a la de los apóstoles a juzgar por sus logros pragmáticos. Pero es una fe maldita, una fe que condena, aunque su objeto aparente es Jesucristo.

Como se puede observar, nuestro tema refiere un asunto altamente delicado que debe llamar y ocupar nuestra atención. Deberíamos examinarnos, a ver si verdaderamente estamos en la fe salvadora, la que procede de Dios, que imparte el Espíritu, la que nos conduce a ver a Cristo como el Señor y el Único y Suficiente salvador de los pecadores que se arrepienten. ¿Has analizado tu fe? ¿Has realizado un escrutinio suficiente para ver si estás en la fe? Ese es justamente el mandato del apóstol a los gentiles:

"*Examinaos a vosotros mismos si estáis en la fe; probaos a vosotros mismos. ¿O no os conocéis a vosotros mismos, que Jesucristo está en vosotros, a menos que estéis reprobados?*"[20]

Es verdad, la fe resulta en justificación, o sea, en una restauración plena de la relación del hombre con Dios, relación que por el pecado estaba completamente destruida antes del arrepentimiento. Recuerda: "*Sin fe es imposible agradar a Dios*". Sin fe se camina en enemistad con Dios. Ausencia de fe implica relaciones rotas. De hecho, "*Dios está airado todos los días con el impío*".[21] Entonces, "venida la fe", ya no estamos ni bajo tutor, ni bajo enemistad, ni bajo esclavitud. Ya Dios retiró su ira (que pesa sobre todo pecador) en favor del creyente, gracias a la expiación que Cristo realizó al inmolarse en la cruz, a la vez que retiró los cargos de transgresión que pesaban en contra de todos los creyentes.

En acción concreta e histórica, Cristo nos justificó por la fe en su sangre. Y ya tenemos, incluso, libre acceso al lugar santísimo.[22] O sea,

---

19 *Comp.* Mateo 7.22, 23.
20 2 Corintios 13.5.
21 Salmo 7.11.
22 *Conf.* Hebreos 10.19ss.

que "la fe" es el medio justificador o salvador. Por tanto, la fe aparenta tener primacía (por ser la condición *sine qua non*) por sobre su fin, la justificación. La fe es el medio, la justificación es el fin; así como un vehículo es el medio para llegar al destino.

Como veremos más adelante, en cierto modo, Horatius Bonar hace pedazos lo considerado en el párrafo anterior. De ahí nuestro esfuerzo de explicar esta doctrina de la "*Sola Fide*" en este trabajo. Entendemos que es un firme cimiento para poder entender mejor las doctrinas salvadoras y la soteriología.

La fe es la doctrina común a las doctrinas salvadoras, algo así como el elemento conector de estas. El evangelio es el mensaje que indefectiblemente deber ser oído para que la fe salvadora pueda ser engendrada. Aunque en verdad la doctrina de la justificación ha sido bastante desarrollada, lo cierto es que es la fe la que justifica al impío. Es también por la fe que el hombre es salvo. La fe es la responsable de que al creyente le sea aplicada tanto la "propiciación" como la "expiación", a la vez que viabiliza que tales logros de Cristo sean eficaces en el creyente. Pero, ¿de qué serviría, a fin de cuentas, la expiación, la justificación, la redención y hasta la liberación y el mismo hecho de gozar de una condición de paz, si no se propiciara esa relación filial con el Padre y el Hijo para la cual también nos faculta la fe salvadora?

Dicho de otro modo, la justificación nos deja sin culpas, pero no nos hace hijos del Padre, ni hermanos de Cristo, y mucho menos herederos con Cristo. ¿Es acaso un juez necesariamente amigo del imputado a quien acaba de declarar justo en su sentencia? Por otro lado, la propiciación evita que la ira de Dios sea derramada sobre el creyente, pero no necesariamente hace al propiciado amigo de Dios. La "redención" arrebata al creyente de la esclavitud del pecado, pero no lo hace gozar de una relación de amistad y hermandad. Pero la "adopción" da un paso más adelante que las anteriores doctrinas salvadoras, nos emparenta en una relación filial con el Padre y con el Redentor. Al ser adoptados, comenzamos a disfrutar de una familiaridad perfecta. Allí encuentra reposo perfecto el alma del creyente. El Dr. J. I. Packer lo pone en perspectiva así:

"La adopción es el más grande privilegio que nos ofrece el Nuevo Testamento, incluso más grande que el de la justificación".[23]

La justificación es una idea forense, presenta a Dios como juez. Es una relación impersonal, legal. En la justificación somos perdonados de nuestros pecados. Aunque no estés condenado, no implica una relación de amistad, sino profesional, de oficio.

La adopción es una idea filial, presenta a Dios como nuestro Padre. Es una relación familiar y de provisión. En la adopción somos hechos hijos y herederos, somos hechos miembros de la familia de Dios. Aquí no se trata de una relación de oficio, sino personal.

Estar en la relación legal correcta es bueno y loable. Pero ser hijo y parte de una familia, estar en ese seno de amor, de dependencia y de representatividad, es muchísimo mejor. La gracia viabiliza la justificación por la fe, y también la adopción, por la misma fe.

En las Escrituras: La compra, la resurrección, el perdón, la aceptación (restauración de la amistad) y la adopción son beneficios distintos. Todos son necesarios, pero el mayor de todos ellos es el de adopción. Nos otorga el más grande privilegio posible.

Todas esas gracias salvadoras son dadas por amor, pero la adopción es de aplicación personal. Al respecto escribió el Dr. John Stott lo que sigue:

"Así, la reconciliación, la paz con Dios, la adopción para formar parte de la familia, y el acceso a su presencia, dan todos testimonio de la misma relación nueva en que hemos entrado por obra de Dios".[24]

Aunque siempre se nos ha llevado a pensar que la justificación es la más grande de todas las virtudes salvadores, incluso, los teólogos

---

23 Packer, J. I. Hacia el Conocimiento de Dios. Pág. 130.
24 Stott, John. La Cruz de Cristo. Pág. 215.

suelen presentar la *adopción* como una sub-sección del departamento de la *justificación* (p. ej.: L. Berkhof), lo cierto es que se trata de imágenes y gracias distintas, si bien, complementarias. De hecho, la "salvación", dice el Dr. John Stott, en orden de organigrama, es la sombrilla de las demás virtudes y figuras salvadoras. O sea, la salvación comprende el "paquete" entero de la gracia. Las palabras de Stott fueron:

> "Así también la salvación de Cristo se ilustra mediante las imágenes que ofrecen términos como 'propiciación', 'justificación', y 'reconciliación'... En cuanto a las imágenes que evoca cada término, la 'propiciación' nos lleva a los ritos en el santuario, la 'redención' a las transacciones en el mercado, la 'justificación' a lo que ocurre en los tribunales judiciales, y la 'reconciliación' a las experiencias en el hogar o en la familia".[25]

El objeto de mostrar estas doctrinas como lo hemos hecho aquí no surge de la antipatía o el detrimento por alguna de dichas doctrinas en relación con otra, mucho menos pretendemos ponerlas en pugna; por el contrario, revelarlas en todo su fulgor. Estamos completamente de acuerdo con el Dr. John Stott cuando dice:

> "A pesar de la primordial importancia de esta verdad, ha sido objeto de mucha resistencia. Primero, están los que evidencian una fuerte antipatía hacia las categorías legales en todo lo que se refiere a la salvación. Lo hacen sobre la base de que ellas presentan a Dios como Juez y Rey, y no como Padre, y por consiguiente no pueden describir adecuadamente el trato personal que Dios tiene con nosotros, como tampoco la relación personal con él. Esta objeción tendría valor si la Justificación fuera la única imagen relacionada con la salvación. Pero su sabor jurídico es equilibrado por las imágenes más

---
25 Stott, John. La Cruz de Cristo. Pág. 188.

personales de la 'reconciliación' y la 'adopción' (en las que Dios es Padre, no Juez)".[26]

Lo claro en todos estos beneficios es que nos apropiamos de tales beneficios por la fe en Jesucristo. Por tanto, queda claro que "*el fin de nuestra fe es la salvación de nuestras almas*". Pero debemos enfatizar que la justificación es una de las figuras redentoras, igual que la adopción, la propiciación y la santificación. Si por la fe somos justificados, por la misma fe somos adoptados y santificados.

LA PRUEBA DE LA FE

El resultado de la fe es la salvación, de ahí el calificativo de "salvadora" que se le suele acuñar.

Ahora bien, ¿cómo puede alguien saber que es de la fe? ¿Cuál es el distintivo visible que genera la fe salvadora en sus poseedores? Veamos los siguientes textos:

"Por la fe Abraham siendo llamado, obedeció…"[27]

"Si me amáis, guardad mis mandamientos".[28]

"Pues este es el amor a Dios, guardar sus mandamientos, y sus mandamientos no son gravosos".[29]

"Muéstrame tu fe sin tus obras, y yo te mostraré mi fe por mis obras".[30]

"La evidencia de una fe bíblica es la obediencia bíblica. Este

---

26 *Ibidem*. pág. 204.
27 Hebreos 11.8.
28 Juan 14.15.
29 1 Juan 5.3.
30 Santiago 2.18b.

principio es el cimiento de la iglesia de Cristo".[31]

La fe bíblica es salvadora. No es la fe quien salva, como ya hemos claramente establecido, pero nadie podría ser salvo jamás sin poseerla. El único Salvador es Jesucristo, pero nos apropiamos de la salvación que Él logró y ofrece solo por la fe en Él, de la cual Él es Autor y Consumador.

A la pregunta: ¿Cuál es el fin de nuestra fe? Hemos de contestar: "La salvación de nuestras almas". Pero a la pregunta: ¿Cuál es el más práctico distintivo de la fe salvadora? Debemos responder: "La obediencia a Cristo".

Cuando somos justificados por la fe, esa acción del Espíritu, que a su vez nos habilita para recibir el Espíritu de Cristo, derrama su fruto en el creyente,[32] dentro de cuyo fruto está el amor a Dios, a su Palabra, a sus instituciones y a sus obras.[33] Entonces, Jesús fue muy claro respecto de la disposición del regenerado por la fe: "Si me amáis, guardad mis mandamientos". Y Santiago fue muy enfático en resolver la cuestión de las ideas primitivas de una fe meramente metafísica, al plantear que la evidencia la fe salvadora es "sus obras"; o dicho en palabra del Señor, "los frutos". Y ya es trillada la solemne declaración paulina "la nueva creación en Cristo Jesús para andar en buenas obras, las cuales Dios preparó de antemano para que anduviésemos en ellas".[34]

La inminente prueba de que alguien ha sido investido con "la fe salvadora" es la obediencia. Abraham fue llamado "padre de la fe", justamente porque "obedeció y salió sin saber a dónde iba". Así que: "Por sus frutos los conoceréis". La fe verdadera se distingue por "las obras".

Si bien la justificación es una idea forense, esto no implica que sea únicamente una transacción de archivo en el seno de la divinidad,

---

31 Heisey, D. E. Mas Allá del Protestantismo. Págs. 14, 15.
32 *Ver* Gálatas 5.22.
33 *Cons.* Romanos 5.1, 5.
34 *Ver* Efesios 2.8-10.

como dicen algunos "una transacción legal entre el Padre y el Hijo". De hecho, el imputado está presente en dicha transacción recibiendo al Espíritu y sus dones, como adelanto y garantía inmediatas a la justificación. La justificación por la fe, que va de la mano con la adopción, la propiciación, la liberación y la santificación, traen un nuevo hombre a la existencia.

Las obras que Dios ha dispuesto de antemano corresponden al resultado automático que comienza a ser producido por razón de la recesión del Espíritu en el momento de la justificación por la fe. En primer orden se encuentran entre dichas operaciones, el arrepentimiento y la conversión, que están ligadas al bautismo de creyentes.[35]

De este modo, nuestra preocupación no debe estar en nuestros actos, sino en nuestras motivaciones. El transformado por el Espíritu, en quien se ha impartido la fe, que acude a Cristo en arrepentimiento y fe, convirtiéndose de sus malos caminos, entonces comenzará a vivir en consecuencia.

De ahí que las buenas obras no se miden ni concretamente ni en volumen en sí mismas, se trata de una calificación divina. Los hombres seremos engañados con facilidad e impresionados con el peso específico de una acción, Dios no. Por eso, el fruto, en realidad, es: "amor, gozo, paz, paciencia, bondad, fidelidad, mansedumbre, templanza, etc.".

Es el tribunal de Cristo que dará el visto bueno a nuestras obras de amor, justicia y verdad. No hay escala humana que valga en este criterio. Aunque lo podemos "conocer por sus frutos", en realidad es competencia exclusiva de Dios el juicio de obras.

Por ejemplo, cuando el Señor miró la ofrenda de la viuda que echaba unas insignificantes monedas en el cofre de las ofrendas, y las comparó con las dadivas de los ricos cuyas diferencias en volumen eran palpables, enseñó a sus discípulos que la viuda había dado más que los ricos.[36]

---

35 *Ver p. ej.*: Hechos 2.38; 3.19; Romanos 5.1-5.
36 *Conf.* Lucas 21.1-4.

Preguntamos entonces: ¿Qué es una obra buena por definición? Cristo le respondió a los maestros del judaísmo de sus días así:

"*Entonces le dijeron: ¿Qué debemos hacer para poner en práctica las obras de Dios? Respondió Jesús y les dijo: Esta es la obra de Dios, que creáis en el que él ha enviado*".[37]

En otras palabras, la verdadera obra que Dios quiere es la fe verdadera en el Cristo de Dios. Todo acto surgido de un corazón que ha creído, actuando en consecuencia de la fe, es una obra buena. Dios la ha preparado de antemano para que andemos en ellas.[38] Dios acepta el obrar de todo hombre y mujer de fe como obras buenas, obras de amor y de misericordia.

Esta reflexión debe llevarnos a revisar nuestras motivaciones, porque ellas dan fe de la calidad de nuestra fe, si salvadora o espuria.

Así que: "Si, pues, coméis o bebéis, o hacéis otra cosa, hacedlo todo para la gloria de Dios".[39] De igual modo: "Y todo lo que hagáis, hacedlo de corazón, como para el Señor y no para los hombres".[40]

Como puedes observar entonces, Dios ha hecho todo para su gloria. Ha elegido, redimido, justificado, adoptado, santificado y glorificado a una multitud incontable "para su gloria". La fe puesta en práctica redunda entonces solo para la gloria de Dios. ¡Amén!

---

37 Juan 6.28, 29.
38 Efesios 2.10.
39 1 Corintios 10.31.
40 Colosenses 3.23.

CAPÍTULO 7

LA DOCTRINA DE LA SALVACIÓN (SOTERIOLOGÍA)

Este tratado no estaría completo si no esbozáramos y presentáramos un capítulo descriptivo sobre la así denominada "doctrina de la salvación". De hecho, nuestra tesis es "entendiendo la fe y su nexo con la salvación". La meta es doble entonces: (1) entender bien la fe, (2) comprender bien la salvación.

La razón de la necesidad de conectar estas doctrinas es porque la fe es la causal de la salvación. "El fin de la fe es la salvación de nuestras almas".[1]

Ambas doctrinas, por tanto, son de carácter indispensables al llano entendimiento cristiano, por lo que requieren de nuestra dedicación y esfuerzo para comprenderlas. Recordemos la Palabra de Dios: "Mi pueblo pereció, porque le faltó conocimiento".[2]

La salvación, que literalmente significa "librar de condenación, peligro, esclavitud o muerte", es la palabra que define la doctrina bíblica que refiere '*la obra redentora de Dios en Cristo, mediante la cual Dios se propuso, en su plan, rescatar y librar a los escogidos de Dios de la condenación eterna en el infierno que por herencia aguarda a todo ser humano*'.[3]

Nichols define la salvación así:

La salvación es la liberación divina en Cristo de la humanidad caída del pecado y sus consecuencias por su poder y gracia, para su gloria: la cual Dios planeó eternamente, prometió solemne-

---
[1] 1 Pedro 1.9
[2] Oseas 4.6; Isaías 5.13.
[3] *Consulte* Efesios 2.1-4.

mente, acompañó con Cristo, aplicó evangélicamente, y la completará en gloria".⁴

La gran arena de la salvación es la humanidad perdida. El gran tema de la salvación es Jesucristo, el salvador. No habría necesidad de un salvador si el problema del pecado pudiera ser remediado por el hombre mismo, cosa imposible que suceda. La incapacidad humana, provocada por el pecado, demandan de un Salvador digno y suficiente. Este elemento es distintivo de la fe cristiana, ya que, en los sistemas religiosos del mundo, casi sin excepciones, el hombre tiene la capacidad de salvarse a sí mismo por sus obras. Esto evita la necesidad de un salvador. Peor aún al contemplar como el Hijo ha conquistado las conciencias de los hombres.

En esencia, la salvación se fundamenta en la premisa de que: (1) la humanidad está perdida; (2) no hay forma alguna, debido a la gravedad de su pecado, que el ser humano pueda salvarse a sí mismo; (3) por tanto, se hace absolutamente necesario un Salvador; (4) ese salvador es Jesucristo.

De ahí que la salvación debe ser una prerrogativa del Salvador. Por ello se dice de la salvación que es de pura gracia, un don de Dios.

El vínculo más fuerte entre la doctrina de la fe y la de la salvación se encuentra esencialmente en el Salvador, quien también es el autor y el consumador de la fe nuestra. En el estudio de la teología sistemática existen tres temas trascendentales, independientemente de la división a la que se apele, a saber: la doctrina de Dios, la doctrina de la creación y la doctrina de la redención (o salvación), la que nos ocupa en este capítulo relativamente largo.

Me gusta como lo expresó Greg Nichols:

"El tercer punto focal de la teología sistemática es la *Salvación*".⁵

---

4 Nichols, Greg. Curso: "*The Doctrine of Christ*". Pág. 11.
5 Nichols, Greg. Curso: "*The Doctrine of Christ*". Pág. 8.

A lo cual añade:

"La gloria de la Biblia, su propósito principal, es proclamar que Dios ha hecho un trabajo mucho más glorioso que la *creación*, a saber, la *salvación* del pecado".[6]

La humanidad es la corona de la creación divina. La redención es la muestra más gloriosa de la bondad y el amor de Dios hacia la humanidad muerta en sus delitos y pecados.

LAS IMÁGENES BÍBLICAS DE LA SALVACIÓN

Las Sagradas Escrituras utilizan varios términos y figuras para referir la salvación, atendiendo a los efectos producidos en el redimido. Así: "ha pasado de muerte a vida",[7] "ha sido trasladado del reino de las tinieblas al reino de Cristo",[8] "de hijos de ira, o desobediencia, o de condenación a hijos de Dios",[9] etc. Estas figuras de la salvación refieren un cambio radical de vida y pensamiento que acontece en el regenerado. Observe:

De las tinieblas:	*A la luz*
De la muerte:	*A la vida*
Del reino del diablo:	*Al reino de Cristo*
De la esclavitud del pecado:	*A la libertad gloriosa de los hijos de Dios*

La caída de Adán, cual representante federal de la humanidad, provocó que todos sus descendientes fuésemos herederos del pecado, lo cual se hace evidente en cada ser humano nacido.[10] Por la caída, Dios maldijo la creación (con excepción del ser humano), sujetándola al

---
6 *Ibidem.*
7 Juan 5.24; Efesios 2.1-2.
8 Colosenses 1.13; Hechos 26.18.
9 Efesios 2.3; 5.6.
10 1 Corintios 15.22; Romanos 5.12; 3.23.

continuo deterioro hasta el tiempo de la restauración de todas las cosas,[11] incluyendo al ser humano; y, en efecto, se cumplió la sentencia de muerte que Dios había decretado al hombre por incurrir en pecado.[12]

En vista de tal desgracia producida por el pecado, y en virtud del plan de Dios de salvar un pueblo numeroso; y puesto que Dios no puede tener comunión ni con el pecado, ni con el pecador, debido a su carácter santísimo; entonces resolvió ejecutar su plan de las edades en favor de los pecadores, el cual comprendía un pago justo y suficiente por el horrendo pecado. Ese pago justo y suficiente es la muerte. No la muerte física, la que es tipo de la espiritual; sino la muerte eterna del pecador. O sea, que no había esperanza para el pecador.

Sin embargo, Dios se había propuesto salvar a muchos hombres, para lo que solo había una posibilidad sustituta, la muerte sustituta, porque sin derramamiento de sangre no hay remisión. Los sacrificios de animales sirvieron de tipo de lo que Dios se había propuesto como solución definitiva al dilema de la desgracia del hombre que se oponía a la voluntad de Dios de salvar a los perdidos. Ese plan definitivo divino era la entrega de Su Unigénito Hijo, para lo cual debía humanarse y ser sacrificado como ofrenda y sacrificio por el pecado. Por eso:

"Al que no conoció pecado, por nosotros lo hizo pecado, para que nosotros fuésemos hechos justicia de Dios en él".[13]

O, dicho de otro modo:

"Cristo nos redimió de la maldición de la ley, hecho por nosotros maldición (porque está escrito: Maldito todo el que es colgado en un madero)".[14]

---

11 Romanos 8.21, 22; 1 Corintios 1.7; Tito 2.12, 13.
12 Génesis 2.17; Ezequiel 18.4, 20; Romanos 3.23.
13 1 Corintios 5.21.
14 Gálatas 3.13 (ver también: Romanos 6.10; Isaías 53.6; 1 Pedro 3.18; Filipenses 3.9).

La maldición de la ley es la muerte, pues "la paga del pecado es la muerte".[15] Y no la muerte común, pues esa es una minúscula consecuencia de la caída como tal; se trata de la muerte eterna, como consecuencia de la gran traición que representa el pecado.

La salvación traerá como resultado la morada de Dios con los hombres, y viceversa, por toda la eternidad.[16] En el estado presente los creyentes gozamos de la morada del Espíritu, en cumplimiento de la promesa de Dios,[17] así como de paz con Dios por la justificación que nos produjo la fe en Jesucristo. (Romanos 5.1). Pero, aún persiste la secuela de la caída, la pecaminosidad, manifestada en dolor, enfermedad, tribulaciones, pruebas, diversos géneros de injusticias, etcétera. Pero en la vida venidera, no habrá más lágrimas ni dolor, ni pruebas, ni tribulaciones, ni hambre, ni sed, ni injusticia de ningún tipo, ni maldad. Esperamos, según su promesa, un reino de amor, de justicia, de paz y de gozo; cielos nuevos y tierra nueva.

La salvación nunca ocurre aparte de la exposición y la recepción conscientes del evangelio de Jesucristo por parte de quienes han experimentar la redención. Es el evangelio aquello que Dios utiliza para justificar y provocar la acción de su Espíritu, quien imparte la fe que justifica al impío. Es decir, que la salvación (elección, expiación, redención, regeneración, justificación y glorificación) es de principio a fin la obra de Dios por fe y para fe en Cristo.[18]

Podríamos decir entonces que *la salvación es una obra de gracia mediante la cual Dios rescata al pecador de su condición caída (pecaminosa) en la que se encuentra por derecho de nacimiento*. La razón por la que la salvación debe ser una obra de gracia es porque el ser humano está separado de la gloria de Dios, en continua enemistad con Dios, en virtud de su pecado.[19]

En efecto, todo hombre sin Cristo está muerto en sus delitos y pecados y haciendo por naturaleza las obras de la carne, de los pensa-

---

15 Romanos 3.23.
16 Efesios 1.10, 11.
17 Juan 17; Hechos 1.1-8.
18 *Conf.* Romanos 1.16, 17; 3.19-28.
19 *Ver* Romanos 6.23.

mientos y del diablo, bajo cuyo yugo está cautivo.[20] Por tal condición, la salvación no se gana ni se merece, ni existe manera alguna como un pecador pudiera comprarla o adquirirla por sí mismo, pues, en tal condición natural, el hombre está destituido de la gloria de Dios.[21] Es por ello que Dios tuvo que pagar el precio del rescate de los escogidos mediante la muerte de Cristo en la cruz, para poder redimir a los pecadores. El precio fue sangre, lo cual hizo que el decreto de justificación del pecador no sea un acto de injusticia de Dios, sino de gracia.[22] No la sangre de animales, que ni siquiera pueden quitar la conciencia de pecado que arrastra el pecador, sino la sangre de Jesucristo el Hijo Unigénito de Dios hecho hombre, y este asesinado por los malvados con muerte de cruz.

La salvación suele observarse desde una óptica de tres fases: *inicial, progresiva y final*. Cada una corresponde como sigue: inicial con la regeneración, progresiva con la santificación personal, final con la glorificación. La doctrina de la santificación, a su vez, suele corresponder a estas tres fases igualmente (inicial, progresiva y final).

¿CÓMO ACONTECE LA SALVACIÓN EN EL PECADOR?

A este punto es menester mencionar que las figuras y términos que en suma refieren la salvación, serían imposibles de ser comprendidas y conjugadas, a menos que hagamos un escrutinio exegético escriturario y teológico sobre el *ordo salutis*.[23] De hecho, "ubicar el momento de la recepción de la fe" sería prácticamente un imposible sin com-

---

20   *Comp.* Efesios 2.1-5.
21   *Cal.* Romanos 6.23.
22   La cuestión de a quien se pagó el precio de la redención ha sido motivo de controversia desde los días de los Padres de la Iglesia. Orígenes propuso la teoría del engaño a Satán, en la que establecía que Cristo, mediante la expiación por su muerte en la Cruz, pago el precio de un rescate a Satanás, en la que Cristo engañó al diablo. Pero a partir de Hilario, pasando por Gregorio el Grande, Anselmo de Canterbury y llegando a los reformadores, el consenso de la ortodoxia ha girado en torno a un pago satisfactorio, legal y sustitutiva de Cristo a Dios en favor de los redimidos. En los trabajos de Anselmo es que se ataca definitivamente la idea de los primeros padres del pago a Satanás. A partir de Anselmo también se desecharon las ideas de la recapitulación, la teoría del ejemplo supremo y la mera muestra de amor, respecto a la expiación de Cristo. (Ver Historia de las Doctrinas Cristianas por Louis Berkhof. Págs. 209ss)
23   Es la doctrina teológica que trata de la secuencia lógica de los beneficios de la redención logrados por Cristo y aplicados por el Espíritu Santo.

prender el *ordo salutis* lo más a fondo posible.

La salvación es obtenida personalmente en el momento cuando *por el arrepentimiento y la conversión por la fe puesta en Jesucristo como Salvador, un pecador es justificado y adoptado como hijo de Dios*.[24] La salvación comprende una serie de eventos que Dios mismo ha dispuesto, los cuales han sucedido, suceden y/o sucederán. Es decir, algunos asuntos fueron obrados en el pasado (incluso en la eternidad misma), como la *elección* y la *expiación* en la cruz, otros son obrados en el momento mismo de la impartición de la gracia al pecador (como la *regeneración*, que acontece incluso antes de la fe y la justificación, las cuales son obras del Espíritu en los escogidos), y otros son asuntos del futuro (como la *glorificación*, p. ej.).

La salvación es una obra amplia de Dios en los hombres. Involucra todo el consejo de la Trinidad en la eternidad pasada, en el tiempo presente, en el futuro de esta era y de la venidera.

La salvación es engendrada (en el presente) como fruto de la regeneración o nuevo nacimiento, que conduce al pecador a la justificación por la fe puesta en Jesús, junto a otras acciones divinas que se hacen patentes en esa persona, a saber: la propiciación, la redención, la liberación del diablo y del pecado, la adopción como hijo(a) amado(a) de Dios, la santificación, y la final glorificación. Si bien es cierto que un redimido por la sangre de Cristo no ha sido glorificado totalmente aun en el tiempo presente, si es ciertísimo que ese pecador redimido ha sido hecho un hijo de Dios, miembro de la familia de Dios, ciudadano del reino de los cielos y heredero de todas las promesas de Dios, de las cuales ya recibió algunas, incluyendo la investidura del Espíritu Santo que pasa a morar en el creyente.[25]

De las gracias y figuras salvadoras mencionadas, es necesario, a este punto, agruparlas con relación a la economía divina, para desarraigar cualquier confusión. A saber:

---

24 *Conf.* Juan 1.12-13; 3.1-5.
25 *Ver* Juan 1.12-14; Efesios 1.1-14; 2.1-10, 19; Romanos 6.1-14; 8.17; Gálatas 4.7; etc.

La *elección,* que es prerrogativa exclusiva del Padre.

La *expiación* y *redención,* que son la obra de Cristo ya consumadas en su muerte y resurrección.

La *iluminación, regeneración,* son obras del Espíritu, aplicada en el tiempo apropiado a cada pecador que se arrepiente.

Todas las anteriores son obras *monergistas* en el plan salvador. Es decir, estas acciones salvadoras son operaciones exclusivas de la divinidad que se operan en favor de sus escogidos entre los pecadores.

En lo concerniente a la aplicación personal de la salvación, y luego que el Espíritu ha iluminado y regenerado al pecador elegido, entonces acontece la *conversión* y el *arrepentimiento* que justifican al pecador. Tales operaciones son *sinergistas,* que son obradas en consecuencia de aquellas de carácter *monergistas.*

Dicho de otro modo, ya que la salvación ha sido lograda en su fase netamente divina (*monergismo*), todo lo cual comprende la *elección,* la *expiación,* la *redención* (en el pasado), y la *regeneración* (puntual en cada creyente por el Espíritu); entonces ocurre el *arrepentimiento para vida* y la *conversión* (*sinergismo*), operaciones estas en la que los escogidos participan, pero tanto el *arrepentimiento* como la *conversión* serían imposibles sin las operaciones divinas ya logradas y aplicadas al pecador que se arrepiente, incluso la *regeneración.*

Si confundimos el orden de las operaciones, entonces la teología resultará en un callejón sin salida o un mar de contradicciones, especialmente lo relacionado a la soteriología. Al momento de *"la fe salvadora",* Dios ya ha ejecutado una serie de operaciones (incluyendo la *regeneración espiritual*) en una persona escogida. Resulta claro el "por qué" un pecador puede entonces, y solo entonces, creer, arrepintiéndose y convirtiéndose a Cristo indefectiblemente. En el Sínodo de Dort se resolutó:

"Por lo cual con razón se dice que el hombre cree y se convierte por medio de la gracia que ha recibido".[26]

Podemos ver, entonces, que la salvación es una iniciativa divina que se gestó en la eternidad. La salvación descansa completamente en tal prerrogativa divina que conduce la obra redentora obrada por Cristo en los amados y predestinados.[27] La salvación es de administración exclusiva de la divinidad. El hombre es salvo completamente por la gracia de Dios. El pago de la redención lo realizó Cristo en su totalidad en la vergonzosa pero bendita cruz. En aquel instrumento de tortura el Cordero de Dios expió nuestros pecados y plenamente propició la ira de Dios. El Perfecto Sacrificio de Cristo en aquel horrendo Calvario, satisfizo a plenitud toda la demanda divina, que aunque eficaz y redentora sólo en los elegidos, presenta ciertos beneficios, no salvadores, que son de alcance universal.[28]

LA EXPIACIÓN

La expiación es el fruto del sacrificio de Cristo en la cruz, por el cual se paga el precio del pecado que satisface la demanda divina, generando así la "propiciación" por los pecados de los impíos delante de la divinidad, provocando un estado de paz entre el pecador arrepentido y el Dios Santo, Santo, Santo.[29] La expiación de Cristo en la cruz dio a luz tanto 'la propiciación' (o la satisfacción de Dios, lo cual aplaca su ira y sus juicios contra el pecador por sus rebeliones), y también 'la redención' (la paga necesaria) y 'la reconciliación' con Dios de to-

---

26 Los Cánones de Dort. Caps. 2 y 3, párrafo XII.
27 *Ver* Romanos 8.29, 30; Efesios 1.3-10.
28 La obra de la expiación es eficaz y satisfactoria. Aunque en sus efectos salvadores se limita a los escogidos de Dios, en la vida presente operó favores infinitos, incluso en favor de los   réprobos. La cristianización reluce resultados favorables en un sentido universal. Así, por ejemplo, una educación cristiana basta en los países cristianizados, leyes más justas en los países influenciados por la cosmovisión cristiana, instituciones de bien social operadas por los santos que benefician millones de millones de afectados por los efectos del pecado. Esta postura se suele denominar "fullerianismo" en honor a Andrew Fuller, el primer presidente y fundador junto con William Carey en 1972 de la archifamosa *Baptist Mission Society* (BMS).
29 Romanos 3.24-25; 1 Juan 2.2; 1 Juan 4.10.

dos los pecadores que el Padre había predestinado en sus propósitos eternos. Todos los escogidos de Dios, sin excepción alguna, tanto del pasado como del futuro al evento de la cruz, fueron redimidos en el Calvario.

La doctrina de la expiación apunta a la doctrina de la muerte de Cristo en la cruz, instrumento donde Cristo logró tanto la aplicación como la consumación de la salvación en los escogidos de Dios. En la cruz se hizo efectivo el rescate de los pecadores, eficaz la remoción de la culpa por el pecado y consumado *el plan redentor divino*. En aquel paradójico y cruel instrumento, Cristo obtuvo "eterna redención", pagó consumadamente y eficientemente el precio del rescate de los escogidos de todos los tiempos.

Justamente esta fase (y figura) de la doctrina de la salvación (la expiación) ha dividido el pensamiento soteriológico de la cristiandad de todos los siglos. Los reformados de Holanda se dividieron luego de que 45 de los discípulos del profesor Jacobo Arminio consolidaran las enseñanzas de su maestro en los artículos de 'el *Remostrante*' (confeccionados en 1610), un año después de la muerte de Armino, fueron sometidas tales resoluciones al estado general holandés. En suma, 'el *Remostrante*' exponía que la dignidad humana requiere una 'libertad de la voluntad' imparcial.[30]

Casi una década después, el estado holandés convocó un sínodo en Dordrecht (1618-1619). El sínodo fue motivado por los calvinistas, impidiendo la entrada a los arminianos al lugar. El resultado de ese debate cerrado fue la condena de 'el *Remostrante*' y la consecuente adopción de los 'Cinco Puntos del Calvinismo'.[31]

La historia de los bautistas, muy especialmente, está marcada por la posición respecto a esta doctrina de la expiación. Los bautistas europeos históricos fueron designados "generales" o "particulares", según creyeran respecto a dicha doctrina en particular.

---

[30] *Arminisnism, Christian Theology*. Encyclopedia Britannica. © 2018 by Encyplopedia Britannica inc.

[31] Ver: *Jacob Aminius Founds Aminianism. Christian History Institute*. Artcle # 403. © 2018 by Christian History Institute, inc. (www.christianhistoryinstitute.org).

Los bautistas generales, creían en una expiación universal, que se aplica eficazmente al creyente. Para tal grupo, la fe surge del individuo a lo menos en algún orden, y es el individuo quien determina, a fin de cuentas, si creer o no. Es una especie de semi-arrianismo o arminianismo, o bien, molinismo. Algunos bautistas generales suelen afirmar la seguridad de la salvación y la elección, pero no en virtud de la libre gracia de Dios, sino generalmente en base al anticipado consejo de Dios.

Por su parte, los bautistas particulares creían que la "expiación" es "limitada" o "particular", no por ser deficiente, sino por el propósito de Dios. Puede entonces notar que ese grupo sustentó una soteriología netamente calvinista. Para ese grupo, el hombre es pecador tanto por herencia como por decisión, y en tal virtud, está muerto e impedido de decidir los asuntos espirituales.

Los bautistas desde sus inicios han corrido en ambos rieles en cuanto a la doctrina de la salvación. Siempre han sido particulares o generales. Estas designaciones están en desuso hoy. Actualmente suelen designarse de formas distintas, 'libres' o 'reformados', 'arminianos' o 'calvinistas', etc.

Pero lo que define a un bautista, a fin de cuentas, no es su soteriología, sino su eclesiología. Casi cualquier asociación o convención bautista (y casi cualquier iglesia local del mundo) hoy albergan en su seno tanto a bautistas particulares como a generales, así como posiciones entre estos extremos de la balanza. Incluso en la modernidad, la mayoría de las asociaciones y convenciones bautistas comprenden 'arminianos' y 'calvinistas', 'particulares' y 'generales', 'fullerianos', 'libres' y 'reformados'.

Posiblemente no ha habido hasta hoy ninguna denominación o asociación reformada o evangélica que no haya lidiado con esta disyuntiva en sus filas, ni siquiera los reformados o presbiterianos, y mucho menos en la modernidad, que es una época de limitada pasión por el dogma.

La designación 'particular' a la expiación, y, por tanto, a la obra redentora de Cristo, está en desuso. El término limitada quizás no haga el mejor honor a esta doctrina. El Dr. R. C. Sproul propuso la designación expiación y redención definitiva o definida como una terminología más amigable a la mente moderna.[32]

Lo cierto es que, si Cristo hubiera muerto por todos los hombres, ¿qué podría impedir que la salvación fuese universal entonces? Por otra parte: ¿Acaso podrá alguien acusar a los escogidos de Dios? El gran amor con que Dios nos amó, entiende Murray, es un amor discriminante, un amor que escoge y predestina.[33] Dios amó a Jacob y aborreció a Esaú, cuando estos ni siquiera habían nacido, por tanto, no habían hecho ni bien ni mal. El mismo Dios escogió a Israel de entre los demás pueblos de la tierra, cuando estos no existían aun, sino en los lomos de Abraham. Cristo explicó bien el alcance de su obra redentora, dijo: "Ninguno puede venir a mí, si el Padre que me envió no le trajere; y yo le resucitaré en el día postrero".[34] Es decir, que el amor de Dios predestina, llama, justifica y santifica, o sea, redime solo a quienes Él amó o conoció de antemano. (Romanos 8.29, 30). Las Escrituras no nos dan una brecha a pensar de otro modo, a menos que cataloguemos a la Revelación Especial de paradójica o de contradictoria.

La expiación de Cristo no fue ciega ni lastimosa. La expiación de Cristo, en todo el sentido bíblico, fue enfocada. Aunque hay innumerables beneficios como fruto de la encarnación, muerte y resurrección de Cristo, aún para los réprobos, en sentido redentor, estuvo siempre definida conforme al plan divino de los siglos. De ahí que ninguno que viene a Cristo (aquellos que el Padre le dio), observe, ninguno de esos se perderá.[35] La expiación, por tanto, es definida, enfocada y eficaz. Eso produce una seguridad, una paz y un gozo de dimensiones infinitas en los regenerados. ¡Aleluya!

---

32 Ver: *TULIP and Reformed Theology: Unconditional Election*, by R. C. Sproul. Art. April 1, 2017. © 2018 *Ligonier Ministries*. (www.ligonier.org).
33 Murray, John. La Redención Consumada y Aplicada. Pág. 12.
34 Juan 6.44, 65.
35 *Ver* Juan 6; Romanos 9.

LA REDENCIÓN

La obra que hizo Cristo en la cruz es llamada redención. Redención es un término comercial que significa comprar. De ahí que la obra de gracia que Cristo hizo fue una en la cual Él pagó el precio que nosotros debíamos pagar por nuestros pecados. El precio de nuestra redención fue la sangre de Cristo vertida en la cruz.[36]

Comenta Arocha que "la teología de la redención es extensa en el Antiguo Testamento, pues contiene una combinación de ceremonias, historias, aspectos culturales, símbolos y declaraciones explicitas, todos señalando a una redención final como la única solución y fundamento de la esperanza del creyente".[37]

El lenguaje de "redención" apunta al gráfico de "liberación", que es un sinónimo vívido de "salvación"; y, si bien ambos, salvación y liberación, son términos genéricos y comunes en las Escrituras, en la fe apuntan a la liberación y a la redención final, la que cosecharemos los creyentes en la glorificación. Los actos puntuales de salvación en el Antiguo Testamento (como el diluvio y el Éxodo) son tipos de la salvación espiritual obrada por Cristo.

Quizás a este punto alguien haga la pregunta: ¿De qué nos redimió Cristo? Un creyente con cierto grado de entendimiento está claro en la respuesta. Pero, a aquellos que no están habituados al conocimiento de Dios, hacemos saber: Dios nos compró y redimió y liberó: (1) de nuestros pecados, que representan muchas injusticias y transgresiones a Dios y su ley; (2) de la maldición de la ley, que es la condenación eterna, por culpa de nuestras innumerables transgresiones como raza y como personas; (3) de la esclavitud de nuestra propia naturaleza pecadora; (4) de la esclavitud del sistema de este mundo; (5) de las múltiples ataduras de Satanás, incluyendo los poderes de las tinieblas; (6) de la oscuridad, ya que estábamos ciegos sin Cristo; (7) de la muerte eterna.

---

36 *Ver* Romanos 3.21ss; Apocalipsis 5.9; Hebreos 9.12.
37 Arocha, Oskar. Dios Salva Pecadores. Pág. 77.

Aunque hay otros asuntos, los anteriores, resumen satisfactoriamente el logro de la expiación que Cristo ofreció por nuestra redención.[38]

¡Amen! ¡Gracias Cristo! ¡Alabado sea el Señor por todas las edades por los incalculables beneficios que nos propinó en la expiación!

LA REGENERACIÓN O NUEVO NACIMIENTO

El nuevo nacimiento o regeneración, es el acto del Espíritu Santo en el cual se le otorga vida espiritual al pecador.[39] El Dr. Grudem la definió como sigue:

"La regeneración es un acto secreto de Dios en el que nos imparte nueva vida espiritual".[40]

El Dr. Packer nos deja saber que el concepto de regeneración pertenece al Nuevo Testamento. Dice que cuando Jesús nos habla de "nacer del agua y del Espíritu" (Juan 3.5), nos recuerda las palabras de Ezequiel 36.25-27, donde se describe a Dios purificando de manera simbólica a las personas de la contaminación del pecado (por medio del agua) y otorgándoles "un nuevo corazón" al poner su Espíritu dentro de ellas. Puesto que esto es tan explícito, Jesús reprende a Nicodemo, "maestro de Israel", por no comprender cómo se produce el nuevo nacimiento (Juan 3.9, 10). Lo que está indicando todo el tiempo es que no existe ejercicio alguno de la fe en Cristo mismo como Salvador soberano, ni arrepentimiento, ni verdadero discipulado, sin este nuevo nacimiento.[41]

El nuevo nacimiento genera frutos. Juan, en 1 Juan 2.29; 3.9; 4.7; 5.1, 4 enseña que la fe en la obra de Cristo es evidencia del nuevo nacimiento (de que hemos nacido de Dios). Por ello el Dr. Packer concluye:

---

38 Consulte aquí: Romanos 3.9ss; Efesios 2.1-4; Gálatas 3.13; Apocalipsis 5.9.
39 *Conf.* Juan 1:10-13. Ver Romanos 6.1-14
40 Grudem, Wayne. Doctrina Cristiana. Pág. 300.
41 Packer, J. I. Teología Concisa. Pág. 165.

"Así como no hay conversión sin el nuevo nacimiento, no hay nuevo nacimiento sin la conversión".[42]

Una de las más exquisitas explicaciones sobre esta doctrina que existen probablemente sea la que proveyeron los reformados en el sínodo de Dort de 1619, en el documento así denominado "Los Cánones de Dort", según sigue:

"Pero que otros, siendo llamados por el ministerio del Evangelio, acudan y se conviertan, no se tiene que atribuir al hombre como si él, por su voluntad libre, se distinguiese a sí mismo de los otros que son provistos de gracia igualmente grande y suficiente (lo cual sienta la vanidosa herejía de Pelagio); sino que se debe atribuir a Dios, quien, al igual que predestinó a los suyos desde la eternidad en Cristo, así también llama a estos mismos en el tiempo, los dota de la fe y de la conversión y, salvándolos del poder de las tinieblas, los traslada al reino de Su Hijo, a fin de que anuncien las virtudes de aquel que los llamó de las tinieblas a su luz admirable, y esto a fin de que no se glorien en sí mismos, sino en el Señor, como los escritos apostólicos declaran de un modo general.

Además, cuando Dios lleva a cabo este Su beneplácito en los predestinados y obra en ellos la conversión verdadera, lo lleva a cabo de tal manera que no sólo hace que se les predique exteriormente el Evangelio, y *que se les alumbre poderosamente su inteligencia por el Espíritu Santo a fin de que lleguen a comprender y distinguir rectamente las cosas que son del Espíritu de Dios; sino que Él penetra también hasta las partes más íntimas del hombre con la acción poderosa de este mismo Espíritu regenerador; Él abre el corazón que está cerrado; Él quebranta lo que es duro; Él circuncida lo que es incircunciso; Él infunde en la*

---
42 Ibidem. Pág. 166.

voluntad propiedades nuevas, y hace que esa voluntad, que estaba muerta, reviva; que era mala, se haga buena; que no quería, ahora quiera realmente; que era rebelde, se haga obediente; Él mueve y fortalece de tal manera esa voluntad para que pueda, cual árbol bueno, llevar frutos de buenas obras.

Y *este es aquel nuevo nacimiento,* aquella renovación, nueva creación, resurrección de muertos y vivificación, de que tan excelentemente se habla en las Sagradas Escrituras, y que Dios obra en nosotros sin nosotros. *Este nuevo nacimiento no es obrado en nosotros por medio de la predicación externa solamente, ni por indicación, o por alguna forma tal de acción por la que, una vez Dios hubiese terminado Su obra, entonces estaría en el poder del hombre el nacer de nuevo o no, el convertirse o no. Sino que es una operación totalmente sobrenatural, poderosísima y, al mismo tiempo, suavísima, milagrosa, oculta e inexpresable, la cual, según el testimonio de la Escritura (inspirada por el autor de esta operación), no es menor ni inferior en su poder que la creación o la resurrección de los muertos; de modo que todos aquellos en cuyo corazón obra Dios de esta milagrosa manera, renacen cierta, infalible y eficazmente, y de hecho creen.* Así, la voluntad, siendo entonces renovada, no sólo es movida y conducida por Dios, sino que, siendo movida por Dios, obra también ella misma. Por lo cual con razón se dice que el hombre cree y se convierte por medio de la gracia que ha recibido.

Los creyentes no pueden comprender de una manera perfecta en esta vida el modo cómo se realiza esta acción; mientras tanto, se dan por contentos con saber y sentir que por medio de esta gracia de Dios creen con el corazón y aman a su Salvador".[43]

---

43 Los Cánones de Dort. caps. 2 y 3, párrafos X-XIII. (Énfasis mío)

No pudo ser mejor y más ampliamente definida. ¡Glorificado sea Cristo por dar sabiduría y entendimiento a sus hijos, como sucedió en Dort!

No obstante, a pesar de la brillantez y lo "canónico" de estas resoluciones de Dort, especialmente los gloriosos párrafos citados anteriormente, y confesado en el documento al concluir: "Los creyentes no pueden comprender de una manera perfecta en esta vida el modo cómo se realiza esta acción"; no se presentan ni las distinciones ni el orden de las operaciones del Espíritu entre la iluminación, la regeneración, la conversión y la investidura del Espíritu. Es un tema poco desarrollado por la teología hasta hoy.

El Extracto de los Principios resume la doctrina de la regeneración de modo muy elegante y resumida, así:

> "La regeneración es un cambio de corazón, forjado por el Espíritu Santo, que aviva a los muertos en delitos y pecados, iluminando sus mentes de manera espiritual y salvadora para comprender la Palabra de Dios y renovar su naturaleza entera, para que amen y practiquen la santidad. Es una obra de la sola gracia libre y especial de Dios".[44]

Ambos artículos son exquisitos, no obstante, presentan una ligera ambigüedad al guardar relativo silencio sobre el 'cuando' ocurre la regeneración.

Creo que resulta atinado a estas alturas citar el comentario del Dr. W. A. Criswell respecto a esta doctrina:

> Sin la presencia del Espíritu no hay convicción, ni regeneración, ni santificación, ni purificación, ni obras aceptables... La vida se halla en el Espíritu avivador.[45]

---

44 *The Abstracto of Principles*. (Traducción libre del autor de esta obra)
45 Sproul, R. C. El Ministerio del Espíritu Santo. Pág. 83.

En esencia Dort, *"The Abstract of Principles"* y Criswell han expresado lo mismo. Y en el mismo orden, no tuvieron a bien referir distinciones ni momentos en el obrar del Espíritu en la regeneración.

Por otra parte, el Dr. Sproul, reformado neto, sí se tomó el espacio para plantear lo relativo al momento en que ocurre la "regeneración" en una persona. En su libro "El Ministerio del Espíritu Santo" dice: "La regeneración precede a la fe".[46] Comenta que el esquema sobre la salvación generalmente creído por los cristianos es:

[Fe → Regeneración → Justificación]

Sin embargo, de acuerdo al texto bíblico, el esquema es:

[Regeneración → Fe → Justificación]

Sproul también entiende que la regeneración y el llamamiento eficaz suelen intercambiarse en la teología.

A fin de cuentas, es muy notorio que tanto la regeneración como la iluminación espiritual, como el cambio de los afectos y de la voluntad, y el impulso a creer, con la consecuente conversión son operaciones del Espíritu. Pero, como discutimos en el acápite "cómo acontece la salvación", anteriormente en este mismo capítulo, la operación del Espíritu en el alma del pecador al regenerarlo, antecede a Su permanencia al justificarlo. Este asunto es también referido y cuestionado en el capítulo 5 de esta obra en el acápite: "Lo referente al orden en que acontece la fe".[47]

EL LLAMAMIENTO EFICAZ

El llamamiento eficaz es una obra de gracia obrada en el tiempo señalado por el Espíritu Santo en los escogidos de Dios. Tal operación del Espíritu acontece en el contexto de la exposición del Evangelio,

---

46 *Ibidem*. Pág. 92.
47 *Ver* Pág. 103 de esta obra.

en favor de los escogidos. La confesión de fe de Westminster de 1647, igual que la Confesión Bautista de Fe de Londres de 1689, refieren esta doctrina como sigue:

"A todos aquellos a quienes Dios ha predestinado para vida, y a esos solamente, es a quienes le place en el tiempo señalado y aceptado llamar eficazmente (Romanos 8.30; 11.7; Efesios 1.10); por su Palabra y Espíritu (2 Tesalonicenses 2.13, 14; 2 Corintios 3.3, 6), sacándolos del estado de pecado y muerte en que se hallaban por naturaleza para darles vida y salvación por Jesucristo. (Romanos 8.2; 2 Timoteo 1.9, 10; Efesios 2.1-5). *Esto lo hace iluminando espiritualmente su entendimiento*, a fin de que comprendan las cosas de Dios (Hechos 26.18; I Corintios 2.10, 12), quitándoles el corazón de piedras y dándoles uno de carne (Ezequiel 36.26), *renovando sus voluntades* y por su poder soberano determinándoles a hacer aquello que es bueno (Ezequiel 11.19, Deuteronomio 30:6; *comp*. Ezequiel 36.27), y llevándoles eficazmente a Jesucristo. (Juan 6.44, 45). Sin embargo, ellos van con absoluta libertad, habiendo recibido la voluntad de hacerlo por la gracia de Dios (Cantares 1.4; Salmo 110.3; Juan 6.37).

Este llamamiento eficaz depende de la libre y especial gracia de Dios y de ninguna manera de alguna cosa prevista en el hombre (2 Timoteo 1.9; Tito 3.4, 5; Romanos 9.11; *comp*. Efesios 2.4-9), el cual es en esto enteramente pasivo, hasta que siendo vivificado y renovado por el Espíritu Santo, (1 Corintios 2.14; Romanos 8.7; Efesios 2.5), adquiere la capacidad de responder a este llamamiento y de recibir la gracia ofrecida y trasmitida en él (Juan 6.37; Ezequiel 36.27).

Otras personas no elegidas, aun cuando sean llamada por el ministerio de la palabra (Mateo 22.14) y tengan alguna de las operaciones comunes del Espíritu (Mateo 13.20, 21), nunca vienen verdaderamente a Cristo, y por lo mismo no pueden ser salvas (Juan 6.64-66; 8.24); mucho menos pueden, los que no profesan la religión cristiana, salvarse de alguna otra manera, aun cuando sean diligentes en ajustar sus vidas a la luz de la naturaleza y a la ley de la religión que profesa (Hechos 4.12; Juan 14.6; 17.3), y el decir y sostener que lo puede lograr así, es muy pernicioso y detestable (Juan 10.11; Gálatas 1:8)".

Dicho artículo explica magistralmente esta doctrina. Quizás no haya otro documento que provea una más acabada y eficiente explicación sobre esta doctrina.

Westminster deja claro que una persona ciega, no puede ver a menos que acontezca el milagro de iluminación. Nadie podría jamás caminar en tiniebla sin una guía adecuada. Mucho menos podría moverse un muerto por sí mismo. De ahí que, si Dios no hace una obra espiritual previa al arrepentimiento en el pecador, éste no podría ni ver el reino de Dios. En esto consiste el llamamiento eficaz y la regeneración. Se trata de un milagro espiritual, un milagro de vida que conduce al pecador a Jesucristo. Westminster explica que tal milagro no acontece ni al azar ni en un vacío. Sucede a los escogidos, y sólo a ellos; y acontece en el contexto de la exposición del evangelio. Estos son los rasgos generales sobre la doctrina en cuestión.

EL ARREPENTIMIENTO PARA VIDA

El arrepentimiento es la respuesta visible al secreto llamamiento eficaz, y es a la vez la marca visible de la invisible y espiritual regeneración.

Cuando un pecador escucha *el mensaje del evangelio*, que es el medio ordinario mediante el cual Dios produce tanto el arrepentimiento como la fe que engendra el Espíritu en una persona determinada. Al momento del arrepentimiento, una persona entra al redil de

Dios, a la familia de la fe, al pueblo redimido de Dios. Las señales más externas del arrepentimiento verdadero son: la profunda pena por el pecado y por haberse reusado servir a Cristo hasta ese momento, el bautismo en agua como testimonio público, y una vida transformada.

El término arrepentimiento, que es la traducción de *metanoia* (el sustantivo griego para arrepentimiento), aparece 24 veces en el Nuevo Testamento. Significa "un cambio de mente o actitud". Se trata de *algo más que mental; involucra la voluntad y el corazón*.[48] Aunque puede involucrar un dolor piadoso, la idea básica es 'un cambio en la dirección de la cosmovisión y la vida de esa persona'.[49] Involucra un cambio de actitud hacia Dios y hacia el pecado. Pasa de odiar a Dios, a amarlo; de amar el pecado, a odiarlo. El arrepentimiento envuelve un cambio de sentimientos, no simplemente con respecto a aquello que provoca en el arrepentido, sino que incluye las nuevas afecciones hacia Dios y lo espiritual.[50]

Generalmente, *metamelomai* (término griego) significa dolor después de pecar, mientras que *metanoia* (del verbo *metanoeō*) significa dolor antes de pecar. Cundo en el pecador acontece '*metanoeō*' (volverse del pecado a Dios), el Espíritu Santo por su poder habilita a esa persona para que no camine más en el pecado. Aparte de tal experiencia, no puede haber justificación. Dicho contraste se ve con claridad en 2 Corintios 7.10: "Porque la tristeza que es según Dios produce *arrepentimiento (metanoia) para salvación*, de que no hay que arrepentirse (*metamelomai*); pero la tristeza del mundo produce muerte". En iguales términos, Jesús dijo:

"*Si no os arrepentís (metanoeô), todos pereceréis igualmente*".[51]

---

48 Marcos 1.4, 14-15; Lucas 17.3; Hechos 2.38; Romanos 2.4.
49 Hechos 9.1-6.
50 Hobs, Herschel H. *What Baptist Believe*. Pág. 94.
51 *Ibidem*. Págs. 94, 95. (*Comp*. Lucas 13.3)

En suma, el arrepentimiento tiene marcas internas reconocibles, a saber, un profundo amor a Dios, sus obras y a las personas, y un odio profundo por el pecado y la maldad. De ahí que la marca visible de la invisible y espiritual regeneración sea el arrepentimiento para vida.

LA JUSTIFICACIÓN

La justificación ha tendido a ser la figura de la salvación a la que más se le ha dedicado esfuerzos teológicos, especialmente desde la reforma.

La justificación es el estado de perfección legal en el cual Dios coloca al pecador, mediante la cual Dios imputa al que cree la mima justicia de Cristo. (Romanos 5.1). *La justificación es un acto legal que Dios transa en Jesucristo, a favor del creyente, el cual consiste en declarar inocente al culpable, santo al impío, y limpio al pecador, bajo los méritos del Redentor.* El pecador se apropia de este estado de justicia solo por la fe, en Jesús solamente. De ese modo, la justicia de Cristo se le imputa al pecador que cree en Él. La justificación ocurre en el mismo momento del arrepentimiento y la conversión a Cristo. Claramente se trata de un suceso post-regeneración, y un resultado de la fe que ya reposa en el corazón del degenerado, previo al arrepentimiento.

"La pureza del evangelio", como bien señaló John Murray, "se vincula con el reconocimiento de la distinción entre regeneración, justificación y santificación".[52] Escribió Murray también:

> "Si se confunde la justificación con la regeneración o la santificación, entonces se abre el camino para la perversión del evangelio en su misma esencia. La justificación sigue siendo el artículo donde la iglesia se mantiene o se cae".[53]

Justificar no consiste en hacer a una persona santa, tampoco recta. Se trata de una declaración judicial, no de un cambio ulterior en el

---

52 Murray, John. La redención consumada y aplicada. Pág. 132.
53 *Ibidem*.

justificado. Cito de nuevo a Murray:

"La regeneración es un acto de Dios en nosotros. La justificación es un juicio de Dios acerca de nosotros. La distinción es como la del acto de un cirujano y la de un juez".[54]

Es justamente cuando Dios nos justifica que nos perdona, obrando así una remisión efectiva de los pecados en nosotros los pecadores. "El Extracto de los Principios" resume esta doctrina del siguiente modo:

"La justificación es la gracia de Dios que otorga completa absolución a los pecadores que creen en Cristo de todos sus pecados, a través de la satisfacción que Cristo ha obtenido; no por nada forjado en ellos o hecho por ellos; sino a causa de la obediencia y la satisfacción que Cristo obtuvo, la cual ellos reciben y descansan en Él y en Su justicia por fe".[55]

La imputación es un recurso legal justo. En la justificación, el Juez Justo declaró culpable a aquel que se adjudicó la culpa por el pecado, a saber, Cristo, "el Cordero de Dios que quita el pecado del mundo",[56] como está escrito: "Mas Jehová cargó en él, el pecado de todos nosotros".[57] "Porque también Cristo padeció una sola vez por los pecados, el justo por los injustos, para llevarnos a Dios, siendo a la verdad muerto en la carne, pero *vivificado en el Espíritu*".[58] Así que, podemos declarar como Pablo: "Y ser hallado en él, no teniendo mi propia justicia, que es por la ley, sino *la justicia que es por la fe de Cristo, la justicia que es de Dios por la fe*".[59]

---

54 *Ibidem*. Pág. 131
55 *The Abstract of Principles*. (Traducción libre del autor)
56 Juan 1.29.
57 Isaías 53.6b.
58 1 Pedro 3.18.
59 Filipenses 3.9.

La justificación resulta entonces de ese incomprensible plan de gracia de la divinidad a favor de los transgresores. Es justísima en virtud de que plenamente satisface la demanda de Dios, a la vez que por eso Él permanece santísimo y justísimo. El pecador es justificado en virtud de la obra sustitutiva que Cristo realizó. En dicha sustitución: "Jehová cargo en Él [su Siervo justo] el pecado de todos notros, el justo fue herido por nuestras rebeliones, y el castigo de nuestra paz fue sobre Él, y por sus llagas fuimos nosotros curados".[60]

El sustituto tenía que ser digno, solvente y suficiente. Sólo Cristo cumplió con tales requisitos en todo el universo puesto que tal sustituto debía ser Hombre y Dios. La muerte de Cristo no fue la vida de un hombre por los hombres, fue la vida de Dios-Hombre por los hombres.

Al pecador le es imposible merecer o poder solventar su propia redención (o rescate), tanto por el alto precio de la redención, como por la completa indignidad de la humanidad caída ante Dios. Por ello, le debe ser suministrada por gracia, a través [solamente] de la fe en Jesucristo, como consecuencia de la elección divina en la eternidad en el Amado.[61]

Si bien el decreto de justificación se delibera soberanamente y en el mismo trono de la gracia, no obstante, no es pasiva en cuanto a sus efectos, como tampoco lo son las otras gracias salvadoras, en virtud de la recepción del Espíritu en el creyente; y, si bien la justificación es de carácter forense, lo cierto es que propicia efectos instantáneos y consecuentes en el justificado, que operan en conjunto con el resto de los dones salvadores. No que la justicia genere mérito alguno en el justificado, sino que pone al pecador en una posición privilegiada ante Dios, por la imputación de la justicia de Cristo al creyente. Es una gracia necesaria para gozar de tal postura ante Dios, por lo cual dice la Palabra: "Justificados, pues, por la fe, tenemos paz para con Dios por medio de nuestro Señor Jesucristo".[62]

---

60 Isaías 53.5.
61 *Ver* Efesios 1.3-8.
62 Romanos 5.1.

Al momento de la justificación por la fe, el pecador ha sido ya regenerado y libertado; y mediante esa misma fe que obró la justificación, se propicia la aplicación en los elegidos de la redención, la santificación, la adopción, y la glorificación. Todos estos dones salvadores son operados como fruto de la recepción del Espíritu Santo en el regenerado, y el don de la fe impartida por el mismo Espíritu que regenera, es la que conduce a la conversión y al arrepentimiento, al ser deliberado y recibido el mensaje del evangelio por el redimido.

LA ADOPCIÓN

La adopción es un beneficio y una gracia otorgada por el Padre a los santificados en el Amado. Podemos decir que es un beneficio provocado por la regeneración y consumado en la conversión, que se adquiere junto con la justificación y la santificación.

La adopción esclarece la doctrina de la Paternidad de Dios. La paternidad de Dios es una de las más gloriosas doctrinas reveladas en el Nuevo Testamento, que había sido anunciada en el Antiguo Testamento, y que Cristo hizo patente. En ella se nos dice que "Dios es nuestro Padre", y el Señor Jesucristo "nuestro Hermano". ¿Imagínese, entonces, lo que implica tener a Dios por Padre, y a Cristo como Hermano, Señor, Abogado, Juez y benefactor nuestro? Quizás no haya una noticia más impactante, gloriosa y que dé tan sumo gozo para el creyente cual ésta de la "Adopción" que declara la "Paternidad de Dios", y, por tanto, "heredero juntamente con Cristo de todas las cosas" ¡Wao!

Para poder adoptarnos como sus hijos amados, ya que antes éramos hijos de ira y condenación, y, por tanto, enemigos; en su plan, Dios tuvo que hacerse hombre en la persona de Su Hijo Jesucristo, nuestro Señor y Redentor; y tuvo que dotarnos con su misma naturaleza, haciéndonos participantes de ella, por el Espíritu que nos ha dado, con el cual nos ha regenerado y sellado.[63]

---

63 Ver Juan 1.10-13; Efesios 1.11-14; Romanos 8.9, 15, 23; Gálatas 3.2; Hechos 19.2; 1 Corintios 2.12, 13; Efesios 3.16; 2 Pedro 1.4.

Como puede observarse, la adopción resulta una gracia absolutamente necesaria. En tanto que la justificación es judicial, y por tales razones, impersonal. Del mismo modo, la regeneración es espiritual, es decir, un cambio de naturaleza, por tanto, una obra de re-creación.

En el mismo orden, la adopción como hijos, en el Amado, siendo de carácter filial, nos coloca en una relación familiar ante Dios. Esto es glorioso y digno de toda admiración y alabanza. Nosotros, enemigos de Dios por el pecado, en Cristo somos reconciliados como amigos e hijos de Dios, para siempre.[64]

Sin la adopción, nuestras oraciones serían poco eficaces. Es en calidad de hijos que Dios atiende a nuestras súplicas. Por ello, al presentarnos ante Dios en oracion y ruego, lo invocamos diciendo: "Padre nuestro".[65] Y certificamos nuestras suplicas replicando: "en el nombre de Jesús", porque él es el mediador entre nosotros y el Padre, a la vez que nuestro Sumo Sacerdote y Señor de todos.

Ya que somos hijos, también somos herederos de todas las cosas; todo es nuestro.[66] Una muestra de ello es el adelanto o la garantía que el Padre nos ha dado a los escogidos, a saber, "su Espíritu Santo", que mora en nosotros los creyentes.[67]

Todo queda certificado en que: "Si algo pidiereis en Mi nombre [dijo Cristo], Yo lo haré".[68] Dice también: "Y esta es la confianza que tenemos en Él, que si pedimos alguna cosa conforme a su voluntad, Él nos oye".[69]

Sin la gracia o el beneficio de la adopción, la justificación y la santificación seguirían siendo beneficios incalculables, sólo que no tendíamos garantías ni de las promesas, ni de la respuesta a nuestras oraciones, ni de herencia alguna en gloria.[70] No es por haber sido justificados o santificados que heredamos del Padre, es por haber sido re-

---

64 *Conf.* Romanos 8.15; Romanos 8.17; Gálatas 4.7; Juan 1.12; Efesios 1.5; Tito 3.7
65 *Ver* Mateo 6.9; Romanos 1.7; Efesios 1.3, 15-17; 3.14.
66 *Ver* Gálatas 4.7; Romanos 8.17, 32; 1 Corintios 3.21, 22.
67 *Ver* Hechos 1.4, 5; 2.38; Efesios 1.13, 14; Romanos 5.5.
68 Juan 14.14.
69 1 Juan 15.14.
70 *Ver* Mateo 7.7-12; Juan 16.23, 24;1 Juan 5.13-15.

generados y adoptados por el Padre, mediante Su Espíritu, en Cristo. ¡Gloria sea dada siempre a Dios por medio de Jesucristo en la iglesia!

LA SANTIFICACIÓN

En cuanto a las doctrinas salvadoras (soteriología), las operaciones obradas por Cristo en la economía divina redentora son: la *expiación y la propiciación,* que son de carácter ceremonial; la *redención,* de índole comercial; y la *liberación,* que es del orden militar (y nacional).

De las operaciones del Espíritu Santo: la *regeneración* es sustancial (de naturaleza); la *justificación* es de carácter legal; la *adopción* es filial, nos coloca en una relación especial, de Padre-hijos con Dios, y de hermanos con Cristo; y el *perdón* es un indulto del ofendido (Dios), en virtud de la operación de rescate y de la redención obrada por Cristo.

La *santificación,* entonces, es una acción de carácter posicional; es decir, nos coloca en una posición de distinción ante Dios (Dios mira al santificado como tal), en ese orden guarda una relación estrecha con la justificación, de hecho, algunos teólogos han confundido ambas gracias.[71]

La santificación, o el apartamiento divino, en primera instancia es un asunto instantáneo, que se activa en el arrepentimiento y la justificación, gracias a la consecuente habitación del Espíritu Santo en el Creyente. El aspecto moral de la santificación es implicado en el estado posicional en que es colocado el santificado, pero resulta secundario, aunque por lo regular los teólogos lo suele colocar primero. De ahí que seamos "llamados" por el mismo Dios a "ser santos",[72] que significa "moralmente perfectos".[73]

Clásicamente se ha presentado esta doctrina como conteniendo tres etapas: la santificación inicial, la santificación progresiva y la glo-

---

71 El gran teólogo Agustín de Hipona presento una especie de confusión aquí. Y difícilmente la humanidad haya dado teólogo más brillante e influyente en el pensamiento cristiano que Agustín.
72 Ver Levítico 11.14; 20.7; 1 Pedro 1.15, 16; 1 Pedro 2.5; 1 Corintios 1.2 -este último texto presenta ambas realidades de la santidad.
73 *Conf.* Mateo 5.48.

rificación (o santificación final o absoluta). El Catecismo Breve de Westminster afirma lo siguiente sobre la santificación:

"Es la obra de la gracia inmerecida de Dios, por medio de la cual somos renovados en todo el hombre según la imagen de Dios, y se nos capacita cada vez más a morir al pecado y a vivir para la justicia".[74]

Aunque la "santificación" no implica una eliminación de la pecaminosidad humana, ni tampoco una mera posición legal, sí implica una acción del Espíritu que renueva y santifica el carácter del nacido de nuevo, por lo que su deseo y voluntad comienzan a gustar y seguir los asuntos espirituales o santos. Los antiguos hábitos del pecador que ha sido ya regenerado comienzan a ser debilitados y abandonados, y puesto que la mente y la voluntad han sido renovadas, también se genera un odio continuo al pecado y una sensibilidad cada vez mayor por la procura de la voluntad y la gloria de Dios. Por ello tiene sentido el mandato divino: "Sean santos, porque Yo soy Santo"; y también: "Sean ustedes perfectos, como el Padre que está en los cielos es Perfecto". Hay una clara implicación de moral aquí, en la arena del reposicionamiento espiritual.

En las Escrituras, tanto del Antiguo como del Nuevo Testamento, se le llama santos y amados de Dios a todos los herederos de la promesa.[75] Aunque a menudo se presenta como un proceso en los escritos evangélicos, y de hecho tiene un aspecto progresivo, no debemos restar importancia a la santificación inicial, que es posicional, y define y establece la santificación como un mandato y un proceso.

Cuando las Escrituras nos mandan a ser santos, creemos que la exégesis correcta de esta terminología y doctrina apunta no a que la santificación sea un proceso en primer lugar, sino que siendo un

---

74 Packer, J. A. Teología Concisa. Pág. 177.
75 Ver, p. ej., los versos introductorios a la mayoría de las cartas paulinas del NT. Así, p. ej.: Romanos 1.7; 15.16, 25, 25, 31; 16.2, 15; 1 Corintios 1.2; etc.

estado en el que hemos sido colocados por gracia, y una capacidad potencial generada por el Espíritu Santo que hace residencia en el creyente, entonces existe una demanda intrínseca, práctica y moral en consecuencia; que se traduce en una calidad y un modo de vida para el santificado; de ahí el mandato a santificación a los santos.

Es justamente por esa realidad posicional que hay objetos santos, montes santos, utensilios y vasijas santas, templos santos, instrumentos santos. Dios es santo en virtud de su unicidad, a la vez que de su impecabilidad. De Él aprendemos el sentido de esta doctrina.

El rigor del mandato bíblico a la santificación se corresponde con el llamado a vivir vidas consagradas para Dios. Y vemos que en ello hay una capacidad dada, la cual está intrínsecamente ligada a la madurez o la perfección en el conocimiento de Dios; teniendo como fundamentos tanto la regeneración como la conversión, apelando a su vez al esfuerzo propio del santificado.[76]

El pregón de Dios a sus santos es: "Sean santos, porque yo soy santo".[77]

LA PERSEVERANCIA DE LOS SANTOS

Una frase muy comúnmente citada es: "Dios no solo predestinó el fin, sino también los medios". Es como si dijéramos: "El ingeniero diseñó el producto, pero también la planta necesaria". En el plan salvador de Dios no solo fueron preordenados aquellos que serían herederos de la vida eterna, sino que también el cómo y sus detalles. El fin, la salvación, tiene una causalidad, Dios. Y la historia salvadora nos muestra el proceso por el cual atraviesan los redimidos, muchas pruebas y tribulaciones.

Por todo ello se dice: "Os es necesaria la *paciencia*, para que habiendo hecho la voluntad de Dios, abstengáis la promesa".[78] Como también dijo el Señor: "Con vuestra *paciencia* ganaréis vuestras al-

---

76 Proverbios 1.1-7; Efesios 4.1-17. (Ver también Romanos 6.1-14)
77 1 Pedro 1.16. (*Conf.* Levíticos 11.44-45; 19.2; 20.7; *comp.* Mateo 5.48).
78 Hebreos 10.36.

mas".[79] ¿Paciencia para qué? Para no desmayar en la esperanza, para "estar firmes" en la fe y la esperanza, para la necesaria "perseverancia". Todos los verdaderos creyentes *perseveran* hasta el fin. Aquellos a quienes Dios ha aceptado en Cristo y santificado por su Espíritu, jamás caerán del estado de gracia, sino que perseverarán hasta el fin. (Romanos 8.29, 30). Los creyentes pueden caer en pecado por negligencia y tentación, por lo cual contristan al Espíritu, menoscaban sus virtudes y su bienestar, y traen reproche a la causa de Cristo y juicios temporales sobre sí mismos (1 Corintios 11.17ss); sin embargo, ellos serán guardados por el poder de Dios mediante la fe para salvación.

A pesar de la santificación otorgada por Dios en el Espíritu, y a pesar de la regeneración, junto con todas las virtudes añadidas al creyente por el Espíritu, los creyentes somos vulnerables al pecado y a tropiezos, y por tanto a caídas. Pero: "Siete veces cae el justo y vuelve a levantarse".[80]

Por estas realidades por las que atraviesa el santificado en esta vida, son gracias necesarias tanto la paciencia como la perseverancia en la fe.

EL NÚMERO DE LOS REDIMIDOS

Si bien es cierto que el hecho mismo de la elección implica un número determinado,[81] los redimidos por Cristo corresponden a una multitud incontable de todas las tribus, naciones y lenguas.[82]

En virtud de este conocimiento, no debemos pensar que la obra de redención sea un logro minúsculo ni para unos pocos. Tampoco deberíamos creer que debido a su carácter universal (de toda tribu, lengua y nación), implique un "universalismo".[83]

---

79 Lucas 21.19.
80 Proverbios 24.16.
81 *Conf.* Apocalipsis 6.11; 20.4; Romanos 8.33; Lucas 20.35; Daniel 12.2.
82 *Conf.* Apocalipsis 5.9; 7.9; 14.6.
83 El *universalismo* es la herejía que propone una salvación de cada individuo de la existencia de la historia. Los neo-ortodoxos suelen ser universalistas, y muchos liberales albergan una idea semejante.

SU NATURALEZA Y PROPÓSITO

Aunque el "aniquilacionismo"[84] no contradeciría, en el fondo, la doctrina de la salvación eterna de los redimidos,[85] tal creencia sí mutila el testimonio de las Escrituras que establece la condenación eterna de los réprobos, en un infierno eterno, a pesar de los grados de castigos de que da fe la Biblia.[86]

Entre otros tantos asuntos, esta doctrina es gloriosa porque nos da fe de su carácter universalista, en el sentido de la no acepción de personas de parte de Dios, pues salvará de ambos sexos, de todas las edades, de todas las etnias y de todos los renglones sociales habidos y por haber. También resulta gloriosa por el hecho de que el número de los redimidos será astronómico, incontable, millones de millones de seres humanos.

¡Aleluya! ¡La salvación es de Jehová! ¡Amén!

LA PROCEDENCIA Y LA LONGEVIDAD DE LA SALVACIÓN

Aunque la salvación concreta otorgada a una persona tiene un comienzo, a saber, el día que tal persona vino a Cristo en arrepentimiento y fe;[87] la salvación desde la perspectiva divina es de carácter eterno en cuanto al pasado, pues Dios no solo separó el Único Sacrificio Perfecto, el Cordero de Dios que quita el pecado del mundo, su Hijo Unigénito, desde antes de los tiempos de los siglos;[88] sino que "nos escogió en Él" desde antes de la fundación del mundo igualmente.[89] Esto le imprime un carácter eterno a la salvación como tal. En la mente de Dios todo se gestó en la eternidad y hacia la eternidad.

No obstante, en lo que respecta a la duración de la salvación, es una gracia dada por la eternidad futura. El salvado lo es en Cristo

---

84 El *aniquilacionismo* es la doctrina que propone que los reprobados de Dios serán aniquilados, relegados a una inexistencia eterna. Esta es la fe común de los adventistas, testigos de Jehová, entre otras sectas; pero también es albergada por personas que se llaman a sí mismas ortodoxas, a la vez que por muchos liberales.
85 *Conf.* Isaías 45.17; Daniel 12.2, 3; Juan 5.24; Hebreos 5.9; 2 Timoteo 2.10.
86 *Conf.* 2 Tesalonicenses 1.9; Mateo 18.8; 25.41; Judas 7; Apocalipsis 14.11; 19.2-3; 20.10.
87 *Ver* Juan 1.12, 13; Juan 6.40; Efesios 1.12-14.
88 *Ver* 1 Pedro 1.19-21; Efesios 1.4, 5; Apocalipsis 13.8.
89 *Conf.* Efesios 1.3-7; 2 Timoteo 1.9; 1 Pedro 1.2; Salmo 22.10; Gálatas 1.15.

para la eternidad.[90] El salvo por Cristo no puede caer de ese estado de gracia en virtud de la elección divina. Por el contrario, aquellos a quienes Dios ha sacado de las tinieblas a la luz, que ahora pertenecen a su rebaño, son ovejas obedientes que oyen y siguen la voz de Cristo, y nadie las arrebatará jamás de sus manos.[91] Por tanto: "*Ni lo alto, ni lo profundo, ni ninguna otra cosa creada nos podrá separar del amor de Dios, que es en Cristo Jesús Señor nuestro*".[92]

Así que, aquellos a quienes Dios conoció y amó, también los llamó; y a quienes llamó, también los predestinó para que fuesen adoptados hijos suyos, según su determinada y amorosa voluntad con la que nos acepta en Cristo.[93] Y aunque todos pecamos en Adán, y por tal razón morimos,[94] de hecho, "estamos muertos en nuestros delitos y pecados".[95] Toda esta gracia procede totalmente de Dios,[96] quien nos la ofreció en Cristo, por la fe en Su Evangelio de la gracia,[97] habiéndonos llamado con llamamiento santo e irresistible,[98] nos rindió a su voluntad en el Amado,[99] para la alabanza de la gloria de su gracia.[100] Dios mismo nos ha dado a conocer sus designios y su voluntad en Cristo.[101]

En la salvación, lo único que aportamos los pecadores en la obra redentora divina es nuestra vergüenza, nuestros pecados, nuestra miseria y nuestra confusión. Todo cuanto tenemos lo recibimos de Dios, incluso la fe, la salvación, la capacidad para las buenas obras y su prescripción, los dones, el llamamiento y toda cosa buena,[102] de tal

---

90 *Conf.* Isaías 51.8; Daniel 12.2, 3; Juan 6.40; 17.3; 1 Juan 2.25.
91 *Ver* Juan 10.27, 28; Isaías 54.17.
92 Romanos 8.39.
93 *Conf.* Romanos 8.29; Efesios 1.4, 5, 11.
94 *Ver* 1 Corintios 15.22; Romanos 5.12.
95 *Ver* Efesios 2.1-4; Romanos 5.8; los creyentes somos vivificados en Cristo (1 Corintios 15.22; Romanos 5.19).
96 *Ver* Jonás 2.9.
97 *Conf.* Efesios 1.11-14.
98 *Ver* 2 Timoteo 1.9; Hebreos 3.1; Romanos 9.19; Jeremías 49.19.
99 *Ver* Efesios 1.4, 5.
100 *Ver* Efesios 1.6, 10, 11.
101 *Conf.* Efesios 1.9; 1 Corintios 2.10; Romanos 12.1, 2; 1 Timoteo 3.14-16.
102 *Conf.* Efesios 2.5-10; Gálatas 5.20; 1 Corintios 4.7.

suerte que no debe haber ninguna jactancia en ningún ser humano ni por lo que tiene ni por lo que es en Cristo, porque todo viene de Él, es por Él y para Él, por todos los siglos. ¡Amén!

Como habrás podido observar, la salvación es de pura gracia. La fe juega un papel incalculable en el incalculable logro de Cristo en la cruz para salvar a los pecadores. No solo se nos ha dicho que "sin fe es imposible agradar a Dios", sino que por ella sucede la justificación, la adopción y la santificación; entre otros beneficios de la fe.

Nunca confundamos al Redentor con la fe. Pero nunca olvidemos el valor y el rol de la fe en la salvación, bajo la premisa y el entendimiento de que esta es un don espiritual. La salvación que Dios otorga al pecador en Cristo es por gracia, por medio de la fe, para todo aquel que cree. Nunca ha sido, ni es, ni será 'por obras', es de 'pura gracia'.

¡Glorificado sea sempiternamente el nombre de Cristo nuestro Señor para la sola gloria de Dios, por darnos a entender lo que de sus misterios puede ser entendido por nosotros los hijos de los hombres! ¡Amén!

LA GLORIFICACIÓN

La glorificación final implica la reincorporación (adquisición de cuerpos nuevos y regenerados) de todos los muertos en Cristo de toda la historia, así como una subsecuente transformación de los cuerpos de los creyentes que estén vivos al momento de la venida de Cristo.[103] Es justamente a este acto sobrenatural y poderoso de Dios, que está por verse en la historia por venir, al que se conoce con el nombre de "glorificación".

Entre tanto acontece la glorificación final de los regenerados, los santos en vida hemos sido llamados a vivir para Dios. El proceso de crecimiento en la vida cristiana se conoce como crecimiento o madurez espiritual, también se le llama, a menudo, santificación progresiva, o simplemente santificación.

---

103 *Ver* 1 Tesalonicenses 4:13-5, 11.

Aunque la salvación es un regalo que procede cien por ciento de Dios (de pura gracia), está misteriosamente ligada al amor de Dios, al decreto eterno de Dios (su elección y predestinación), al eterno poder de Dios, al eterno propósito de Dios, a la obra redentora de Cristo en la cruz, a la acción de su Espíritu Santo (quien convence a los hombres de pecado, justicia y juicio) y quien a su vez regenera e ilumina al pecador, al obrar de Dios en los corazones de los hombres, a la predicación del Evangelio de Cristo (el medio ordinario que conduce al resultado extraordinario de la regeneración del pecador), al uso de los sentidos físicos y espirituales de los hombres (especialmente el oír), y a la voluntad del hombre llamado (pues el que no creyere queda condenado). Dios ha dispuesto tanto los fines como los medios para lograr sus propósitos eternos, incluyendo su plan redentor, para su eterna gloria.[104]

Del mismo modo, aun habiendo una participación sinergista de los elegidos en el arrepentimiento y la conversión, debemos cargar todo el peso del querer como el hacer a la buena, agradable y perfecta voluntad de Dios.[105] Nuestro firme deber debe consistir en hurgar tal voluntad para cumplirla.[106]

Es necesario que entendamos que la voluntad del pecador está muerta, oscura, perdida y es enemiga de Dios. Por tales patéticas razones, es menester que sea Dios quien nos encuentre, nos ilumine y nos regenere, como en efecto ocurre, vivificando nuestra voluntad muerta, para que podamos ver y gustar la belleza de Cristo, y podamos acudir a Él en fe y obediencia.

Por tal razón, toda la gloria debe ser siempre y únicamente dada a Dios por todos y en todo. Debemos declarar siempre: "La salvación es [únicamente] del Señor". Cualquier otro análisis teológico distinto, no honra las Escrituras.

---

104 *Ver* Efesios 1.3-2.10; 3.14-17.
105 *Conf.* Filipenses 2.13.
106 *Conf.* Romanos 12.1, 2. Mateo 7.24-27.

Por todo ello, aunque la salvación es exclusividad de Jehová de principio a fin,[107] y para la cual, evidentemente nadie le dio jamás consejo, también debemos estar claros que Dios la administra y la dispensa conforme a sus propósitos.

Tales realidades no deberían ser vistas como una pugna o paradoja entre los planes de Dios y la decisión humana, pues Dios ha dispuesto tanto las causas y los medios, como también los fines.[108]

Permanecen en el renglón de los misterios de Dios la realidad de la impartición de la fe salvadora, tanto como la manera como Dios nos imparte su Espíritu. Pues la fe nos es dada por el Espíritu, a la vez que el Espíritu lo recibimos por la fe. Desarrollaremos esta aparente paradoja en el último tema de este capítulo, a continuación, titulado: "La fe y la salvación conectadas".

La fe y la salvación, y las acciones que en respuesta acompañan a estas dadivas en el regenerado, son frutos exclusivos de la gracia de Dios. (Efesios 2.8-10)

LA FE Y LA SALVACIÓN CONECTADAS

Habiendo hablado abundantemente de la fe, y habiendo esbozado la doctrina de la salvación en este capítulo, y puesto que esta relación es el tema de éste libro, sería impropio no cerrar a este punto con el nexo entre "la fe y la salvación". De hecho: "Es por *gracia* que somos *salvos*, por medio de la *fe*, y estos asuntos no proceden de nosotros, en cambio es 'el *don* de Dios'".

Anteriormente referimos el *ordo salutis*. Sobre este asunto, Romanos 8.29-30 reza como sigue:

"Porque a los que *previamente conoció*, también los *predestinó* a que fuesen conformes a la imagen de su Hijo, para que él sea el primogénito entre muchos hermanos. ³⁰ Y a los que *predestinó*, a éstos también *llamó*; y a los que *llamó*, a éstos tam-

---

107 Ver Jonás 2.9; Efesios 1.3-10; Apocalipsis 7.10; Romanos 9.
108 Ver 1 Corintios 4.7; Apocalipsis 13.8; Efesios 1.3-5; Romanos 8.29; 9.20; 1 Pedro 1.19-21; Gálatas 3.18, 19.

bién *justificó*; y a los que *justificó*, a éstos también *glorificó*".[109]

El *flujograma* del "orden de los decretos" salvadores del Soberano no podía ser más claro, aunque en líneas generales. Sería; "A los que":

[Amó[110] → Predestinó → Llamó → Justificó → Glorificó]

La elección divina, en el amor de Dios en Cristo Jesús, provoca el llamamiento eficaz en favor de los escogidos; y entonces, esos escogidos son "justificados" por "la fe"; y los tales, posteriormente glorificados.

Recordemos que "la justificación" es por "la fe", porque dice: "justificados pues por la fe". Es decir, que la fe salvadora es otorgada entre "el llamamiento eficaz" y "la justificación".

En tal flujo de acciones divinas, como puntualizamos anteriormente, podríamos tomar nota de la economía trinitaria en la salvación como sigue:

La prerrogativa del Padre: "La *elección*" (en la eternidad pasada)

La obra del Hijo: "La *expiación*" y "la *redención*", (ya consumadas en la muerte y resurrección de Cristo).

La acción del Espíritu Santo: "El *llamamiento eficaz*", "la *regeneración*", (operaciones obradas puntualmente en el tiempo en favor del pecador).[111]

Fijémonos que en el flujo del orden salvador presentado en Romanos 8.29, 30, no se mencionan las obras del Hijo (ni la expiación, ni la redención), sino que se asumen. En realidad, la obra del Hijo es asu-

---

109 Énfasis mío.

110 "A los que *antes conoció*", acorde a la etimología del término y al contexto del texto de Romanos 8.28ss, significa literalmente "a los que de *antemano amó*". Es de ahí la pregunta: ¿Quién nos separa del amor de Cristo? y: "Ninguna otra cosa nos podrá separar del amor de Dios".

111 Consultar la pág. 120 de esta obra.

mida y resumida en "*la justificación*".

La obra del Padre es eterna y continúa vigente: "nos predestinó", por cierto, "desde antes de los tiempos de los siglos".

La obra del Hijo es asumida en el texto citado. Fíjese ahora en el propósito de la predestinación: "Para que fuésemos hechos conforme a la imagen de su Hijo". En otras palabras, la elección sucedió en el Amado, para el beneficio de los escogidos. El Hijo es el *icono* o el modelo. La obra de Cristo subyace en el organigrama paulino de la salvación que muestra el citado texto en Romanos.

La obra de Cristo no sólo nos justificó, siendo Él tanto el Redentor como el Salvador, Cristo es la Propiciación por nuestros pecados, es el Señor, y es el tema del evangelio. El Padre nos amó en el Amado, nos redimió a través del Cordero inmolado, nos justificó por la fe en la sangre de Cristo.

Cristo corresponde a la esencia del plan redentor. Él es el *modelo*. Ante Él se ha de doblar toda rodilla de los que están en los cielos y en la tierra, y toda lengua deberá confesar que Jesucristo es el Señor, para la gloria del Padre. (Filipenses 2.8ss)

Cristo no solo es el Cordero inmolado, fue también hecho el Único y Eterno Sumo Pontífice, sentándose en su trono, a la diestra del Padre en los cielos.

Él fue hecho Rey de reyes y Soberano de las naciones, y dará fin al propósito salvador divino, sometiendo todo dominio y autoridad bajo sus pies, siendo la cabeza de la iglesia en esta dispensación.

La obra del Espíritu se resume en "el llamamiento".[112] La confesión de Westminster conglomera la obra del Espíritu en la doctrina de "el llamamiento eficaz".

He aquí entonces el nexo. Entre la obra del Espíritu y la justificación entra en acción la fe. Y la fe que es el fruto del Espíritu, es de la autoría del Salvador. La regeneración, es entonces, una obra del Espíritu, pero distinta a la investidura (o llenura) del Espíritu. El recibimiento, sellamiento, bautismo o llenura del Espíritu sucede como fruto de la fe. Sobre este asunto suele haber un mar de confusión en

---

112 *Ver*: El llamamiento eficaz. Pág. 124 de este libro.

la dogmática.

En cuanto al momento de la fe, la fe justifica al impío y la hace apto para ser receptor del Espíritu. Sin embargo, la regeneración ya ha acontecido en una persona al momento de la fe, y el Espíritu aún no ha hecho su morada en el creyente a ese momento. Es decir, la regeneración sucede antes de la conversión, antes del arrepentimiento, antes de la justificación y antes de la santificación, pero el sellamiento del Espíritu sucede luego de la fe, si bien todas son obras del mismo Espíritu. No se precipite en sus conclusiones, lo vamos a demostrar en breve. Parece un laberinto, pero no lo es.

Véalo así: la fe salvadora es una obra del Espíritu que antecede a la justificación, pero que procede de la regeneración espiritual, lo cual no implica la habitación del Espíritu en el regenerado aún. Recordemos aquí que la fe es un don de Dios, como lo es también la salvación, acorde a lo que hemos puntualizado detalladamente en este tratado.

Recordemos el diagrama correcto:

[Regeneración → Fe → Justificación]

Traigamos a la memoria Efesios 1.13:

> *"En él también vosotros, habiendo oído la palabra de verdad, el evangelio de vuestra salvación, y habiendo creído* [tenido fe] *en él, fuisteis sellados con el Espíritu Santo de la promesa".*

Si se fija en el texto anterior:

Uno es expuesto (oye) el evangelio.

Uno cree en el evangelio oído.

Uno es sellado con el Espíritu.

Un diagrama de la salvación aplicada sería como sigue:

[Regeneración → Fe → Justificación → Investidura del Espíritu]

Implica que tanto el Padre (en su Predestinación), como el Hijo (en su Expiación), como el Espíritu (en su Regeneración) han obrado en el creyente, y aún no han equipado a ese hombre con la garantía que es la morada del Espíritu en él. No debe extrañarnos esto, los discípulos del Señor ya eran salvos y creyentes antes de la investidura con el Espíritu. La obra salvadora de Dios no es una operación ni de un momento ni puntual, es un proceso que inició en la eternidad y terminará en la eternidad. De hecho, por decirlo de algún mido, hay cinco grandes momentos en la salvación:

La salvación planificada (*pactum salutis,* los decretos de Dios).

La salvación prometida (los pactos de Dios).

La redención consumada (la encarnación, muerte y resurrección de Cristo).

La redención aplicada (la obra del Espíritu en los corazones).

La glorificación (escatología).

No perdamos de vista tampoco que es en la regeneración que le son abiertos los ojos al pecador para que pueda ver la luz. Nuestra visión espiritual comienza a ver y a entender los asuntos del Reino de Cristo. En la regeneración espiritual somos iluminados y eficazmente llamados por Dios. La regeneración da a luz la fe, puesto que son abiertos nuestros ojos para ver la gloria de Cristo, son también avivadas nuestras afecciones para poder gustar de Cristo y de su Palabra, y es renovada nuestra voluntad para desear a Dios.[113]

No debería ser chocante a nuestra mente esta manera de obrar de Dios, puesto que "la salvación es del Señor". Ya que la salvación es una obra soberana de principio a fin, Dios no solo supo anticipadamente, sino que estableció el modo como los "muertos en sus delitos y pecados" habrían de ser eventualmente conducidos hacia Él.[114] De tal suerte que la salvación no es solo una gran obra de Dios, sino que de Él procede el perfecto plan salvador, estableciendo incluso el número de los escogidos de antemano, y provocando que las cosas sucedieran tal cual Él las planificó. Por sobre estas realidades, Dios administra su plan según su beneplácito y para su propia gloria.[115]

Por otra parte, la obra de Dios en favor del pecador no demanda necesariamente la habitación divina en el receptor. La predestinación, p. ej., no implica ninguna infusión divina en el elegido. La expiación en favor de los pecadores fue consumada antes que la gran mayoría de los beneficiados siquiera existieran. Del mismo modo, la obra del Espíritu en los escogidos no siempre implica Su morada en el beneficiado, aunque si implica Su acción y operación.

La habitación del Espíritu en los creyentes es un don. La recepción del Espíritu en el creyente es un "adelanto" (y una garantía) a ellos que heredarán la vida eterna. A dicha extraordinaria gracia le antecede toda una serie de dones salvadores, incluyendo el llamamiento eficaz y la regeneración. ¡Es sorprendente, pero cierto!

Entre las obras de la gracia salvadora denominadas 'el llamamiento eficaz (incluyendo la regeneración espiritual)', y 'la justificación', se encuentra el don de la fe. La fe resulta de la obra de regeneración espiritual, la cual conduce a la justificación; bien que ambos lados de la obra del Espíritu se dan siempre en la atmósfera de la predicación del evangelio.

Es después del "nuevo nacimiento", gracias al don de la fe que imparte el mismo Espíritu en los regenerados, por el decreto divi-

---

113 *Ver* Juan 1.13; 3.3, 5; Tito 3.4-7.
114 *Ver* Efesios 2.1-9.
115 *Consulte* Efesios 1.3-14.

no, que en el momento que tales hombres y mujeres son expuestos al Evangelio de Jesucristo, ellos creen en Cristo como Señor y Rey, convirtiéndose a Él y arrepintiéndose de sus pecados. En ese preciso momento en que tales hombres y mujeres creen en Cristo, son justificados, santificados y bautizados o sellados con el Espíritu Santo.[116] ¡Gloria a Dios!

Lo anteriormente dicho podría parecer extraño a la mente moderna, incluso a los creyentes; pero es justamente lo que puede ser discernido y sistematizado del texto bíblico.

Tenemos que concluir diciendo aquí que "la salvación es de Jehová" desde y hasta la eternidad. Que los beneficiados somos aquellos: "A quienes Dios conoció [amó] desde antes, a los que luego predestinó, y luego llamó, y luego justificó; para que fuésemos hechos conforme a la imagen de su Hijo".[117]

¡A Dios sea la gloria, el honor, el imperio por los siglos de los siglos, por sus muchos beneficios en favor de pecadores irreverentes, amén!

¿PODRÍAN LOS REDIMIDOS PERDER LA SALVACIÓN?

Pueden encontrarse creyentes de todos los credos denominacionales que creen que la salvación se puede perder. Y dentro de quienes creen que no es posible perder la salvación, encontramos a quienes no están seguros de haber sido salvos o no, incluso personas maduras en la fe. En ambos renglones no solo encontramos creyentes de a pie, sino, incluso, teólogos y ministros.

Los bandos suelen, igualmente, adherirse a la soteriología de corte pelagiana, arminiana y/o molinista por un lado; o agustiniana y/o calvinista por el otro bando.

¿Qué argumentan quienes sostienen que alguien podría perder la salvación? Este grupo apela o al argumento del libre albedrío o a

---

116 *Conf.* Juan 7.39; Hechos 2.38; Efesios 1.13, 14.
117 *Revisar* Romanos 8.29, 30; Efesios 1.3-11; Jeremías 31.3; etc.

exegesis descuidadas de ciertos textos.

En el primer renglón se dice que puesto que uno tiene libre albedrío, es decir, libertad de escoger, puede por tanto escoger la vida o la muerte, escoger o rechazar la salvación. Por supuesto, el argumento se hace acompañar de textos bíblicos como Deuteronomio 30.19; Juan 1.10-12;

Por la otra parte están los argumentos de exegesis descuidadas de textos como Hebreos 6.4-6, que refiere a aquellos que "recayeron"; Hebreos 2.1-4, que habla de la imposibilidad de escapar a los juicios de Dios si descuidamos una salvación tan grande; Apocalipsis 3.5, que anuncian el juicio de cristo de no borrar los nombres de los receptores de aquella carta del libro de la vida; Mateo 10.22; 24.13, que reza que quienes perseveren hasta el fin serán salvos; entre otros.

Creemos que este bando apela a una exegesis descuidada porque los principios de la interpretación bíblica no nos permiten hacer exégesis descuidando el resto de la evidencia textual. Sin apelar aún a la procedencia y la naturaleza de la salvación, que sería suficiente para derribar todo argumento en favor de la posibilidad de perdición de los salvados, deberíamos ver la otra cara de la moneda, o sea aquellos pasajes que refieren el aparente fenómeno de quienes caen. Escribió el apóstol Juan:

> "Hijitos, ya es el último tiempo; y según vosotros oísteis que el anticristo viene, así ahora han surgido muchos anticristos; por esto conocemos que es el último tiempo. Salieron de nosotros, pero no eran de nosotros; porque si hubiesen sido de nosotros, habrían permanecido con nosotros; pero salieron para que se manifestase que no todos son de nosotros. Pero vosotros tenéis la unción del Santo, y conocéis todas las cosas".[118]

Este texto habla de maestros detractores, personas que niegan a Cristo, anticristos. Como se puede observar en este texto, Juan dice que

---

118 1 Juan 2.18-20.

los detractores o anticristos salieron de nosotros, ¿por qué? Porque no eran de nosotros, porque si hubiesen sido de nosotros, habrían permanecido.

Un distintivo de la soteriología bíblica, conforme la sistematizaron Agustín y Calvino, es que, a parte de la procedencia y la naturaleza de esta gracia, es acompañada con "la perseverancia de los santos". Y, es claro y cierto que la perseverancia debe acompañar a la salvación. Pero el argumento de la perseverancia no implica la no perseverancia. Juan, por el contrario, explica que quienes no permanecen, nunca fueron. El contexto de 1 Juan 2 es 1 Juan 1, y el fondo mas amplio de 1 Juan es el evangelio de Juan, y luego el resto de las Escrituras. 1 Juan establece que Jesucristo es nuestro salvador y nuestro abogado defensor, implicando la imposibilidad de la perdición para los santos. Juan establece el argumento de la fe (20.30, 31), el argumento de la naturaleza de la salvación (1.13), el argumento de la soberanía absoluta de Cristo (Juan 10.27-30), en la que expone que es imposible que una de las ovejas que el Padre le dio a Cristo pueda jamás ser arrebatada de las manos de Cristo por poder alguno.

En el acápite anterior "la fe y la salvación conectadas" explicamos el flujograma paulino de la salvación, según Romanos 8.28-30.

Y por sobre estos argumentos que derogan los anteriores, sin necesidad de catalogar a las escrituras de paradójica, tenemos que entender la cuestión de la naturaleza de la salvación, a saber, divina.

Querido lector, "la salvación es del Señor" de principio a fin. Un escrutinio consciente del texto sagrado debe llevarnos a ver la salvación como un don de Dios (Efesios 2.8-10), y debe despojarnos de la idea de que esta pueda ser prerrogativa humana en algún ápice (Romanos 9). Pablo explica que muchos judíos se perdieron en toda la historia redentora, a pesar de ser el pueblo de Dios, no por prerrogativa voluntaria de nadie, sino para que los propósitos de Dios, conforme a la elección, permanecieran. Es exactamente igual entre los gentiles. Pues es por gracia (un don divino), por la fe (otro don divino), para que toda boca se cierre y no quepa ningún argumento contrario, ni duda alguna.

Finalmente quiero recordar que los ejemplos e ilustraciones confusas en las escrituras no deben ser analizadas con simpleza. Por ejemplo, el caso de Nadab y Abiú, los sacerdotes hijos de Arón que se nos narra en Levíticos 10, no debe llevarnos a nosotros a creer que aquellos ministros se perdieron. Los textos de juicio, como este, el caso de Acán en Josué 7, el caso de Ananías y Safira en Hechos 5, entre otros, de aparentes creyentes (quizás creyentes) siendo enjuiciados, no implica que ellos se perdieron. De hecho, 1 Corintios 11.17ss establece que el Señor arremete con este tipo de juicio contra los santos, debido a ciertas faltas.

Los juicios puntuales de Dios contra sus santos, como hizo con Nadab, Abiú, Arón, María, Moisés, David, quizás Ananías y Safira, con el incestuoso de Corintios (1 Corintios 5), la lista silenciosa que Pablo menciona en 1 Corintios 11.30, etc., no deben conducirnos a establecer una teología de la caída de la salvación, porque sería violatoria de la exegesis diáfana de las sagradas escrituras.

A resumidas cuentas, según las Escrituras: 'es imposible que la salvación, una vez otorgada, le sea quitada a los santos'. En tal sentido, nuestro sagrado deber es procurar honrar a Cristo en todo. Por lo que deberíamos seguir al Apóstol a los gentiles en su encomienda a los filipenses:

> *"Por tanto, amados míos, como siempre habéis obedecido, no como en mi presencia solamente, sino mucho más ahora en mi ausencia, ocupaos en vuestra salvación con temor y temblor, porque Dios es el que en vosotros produce así el querer como el hacer, por su buena voluntad".*[119]

Una buena exégesis del texto anterior no deberá jamás conducirnos a la posición descuidada de que debo cuidar la salvación con temor y temblor porque la puedo perder, ese jamás debe ser el argumento de un texto tan apasionante como el anterior. Por el contrario, Pablo está diciéndole a los filipenses:

---

119 Filipenses 2.12, 13.

Ustedes han sido siempre obedientes, incluso en mi ausencia. Ocúpense de la salvación vuestra con temor y temblor.

Razón:

Porque es el mismo Dios quien produce en ustedes, por su buena voluntad, tanto el querer como el hacer.

Razonar que este texto apunta a la posibilidad de perder la salvación es una exégesis extraña. Es tergiversar las Escrituras. El texto establece todo lo contrario. La razón de nuestra ocupación con temor y temblor es para no descuidar una salvación tan grande, no por la posibilidad de perderla. Nuestra ocupación en esta tan grande salvación embellece y adorna la cruz de Cristo. (Tito 2.10). El cuidado con temor y temblor de esta salvación tan grande es un activo del evangelio. La evangelización jamás es tan eficaz como cuando el mensaje es respaldado por el instrumento que lo comunica. De hecho, los más grandes predicadores de todos los tiempos, incluyendo a los santos profetas, a Cristo y a sus apóstoles escogidos, han sido hombres intachables.

Amados, que nuestra preocupación no sea la posibilidad de perdición, sino la de adornar de la cruz de Cristo. El temor y el temblor son características comunes a la piedad. El temor y el temblor son un distintivo de la reverencia, a la vez que un distintivo de que se tiene una íntima comunión con Dios, pues es ante su presencia que temblamos.[120] Cristo fue oído por el Padre a causa de su temor reverente.[121]

¡No descuidemos una salvación tan grande!

¡Alabado, bendito y santificado sea el Señor sempiternamente por su don inefable!

---

120 *Cons.* Isaías 66.2.
121 *Conf.* Hebreos 5.7.

A RESUMIDAS CUENTAS

Indiscutiblemente hay un nexo indivisible entre la Fe y el mayor beneficio de la Gracia de Dios a los hombres, la Salvación. Ambas son dádivas divinas. A resumidas cuentas, *la salvación es un cambio de estado o condición obrado por la divinidad (y esto de pura gracia) en beneficio del pecador que cree en Jesucristo.* Así, el salvo: estaba muerto, ahora está vivo; era ciego, ahora ve; estaba en tinieblas, ahora está en luz; era hijo de ira, ahora hijo amado; era esclavo del pecado, ahora es libre del poder y las consecuencias del pecado; era enemigo de Dios, ahora es justo; estaba condenado, ahora liberado.

¿Goza usted de este extraordinario beneficio?

CAPÍTULO 8

LA RELACIÓN QUE TIENE LA FE CON NUESTRA COTIDIANIDAD

Si la fe es un don espiritual que nos justifica y santifica, y cuyo objeto es sólo Cristo. Entonces, una vez obtenida la fe, ¿para qué más me sirve la fe mientras aguardo su finalidad?

"Por la fe Abraham, siendo llamado, obedeció para salir al lugar que había de recibir como herencia; y salió sin saber a dónde iba. Por la fe habitó como extranjero en la tierra prometida como en tierra ajena, morando en tiendas con Isaac y Jacob, coherederos de la misma promesa;

[¿Por qué?]

Porque esperaba la ciudad que tiene fundamentos, cuyo arquitecto y constructor es Dios; por la fe también la misma Sara, siendo estéril, recibió fuerza para concebir; y dio a luz aun fuera del tiempo de la edad,

[¿Por qué?]

Porque creyó que era fiel quien lo había prometido".[1]

---
1 Hebreos 11.8-11. (Corchetes y énfasis del autor)

LA FE ACTIVA UNA ESPERANZA VIVA EN EL CREYENTE

Ya analizamos un tanto que *"la fe es la sustancia de la esperanza"*. Tanto Calvino como Sproul fueron categóricos aquí.

Pero en lo que concierne al aquí y ahora, lo práctico, a parte de la gloriosa esperanza, como bien demuestra Waldrom,[2] *la obediencia a Dios está indivisiblemente ligada al don de la fe; y del mismo modo, la esperanza.* Fue por la fe que Abraham obedeció a Dios y salió de su tierra y parentela a la tierra que Dios le mostraría. Pero su esperanza no era que lo heredaría un siervo sirio que le servía de mayordomo, sino un hijo de sus lomos, como le prometió Dios. Además, Dios haría de él una gran nación. Pero esperaba, según la promesa divina, no retornar a la patria de donde había salido, sino que esperaba en la ciudad cuyo arquitecto y constructor es Dios, la Nueva Jerusalén. Y, sobre todo, de sí (de su simiente) saldría el Mesías, en quien serían benditas todas las familias de la tierra, según la promesa de Dios. Para esa misma esperanza de Abraham nos llamó Dios a la fe.

¿Y cómo alguien con una esposa estéril creería a tan improbable promesa? Abraham estaba convencido que la palabra de la promesa venía de Dios. Sabía que Dios no es hombre para mentir o arrepentirse de sus propósitos. Sobre esta "Palabra Autoritativa" divina, que es la quintaesencia de la fe tanto para los escolásticos como para los reformadores, ya bien disertó el doctor Hodge.[3]

Observa ahora el ejemplo de los héroes de la fe:

"Conforme a la fe murieron todos éstos sin haber recibido lo prometido, sino mirándolo de lejos, y creyéndolo, y saludándolo, y confesando que eran extranjeros y peregrinos sobre la tierra. Porque los que esto dicen, claramente dan a entender que buscan una patria; pues si hubiesen estado pensando en aquella de donde salieron, ciertamente tenían tiempo de volver. Pero anhelaban una mejor, esto es, celestial; por lo cual Dios no se avergüenza de

---

2 *Op. Cit.*
3 *Op. Cit.*

llamarse Dios de ellos; porque les ha preparado una ciudad".[4]

La naturaleza de la fe es increíblemente descrita y modelada en el citado texto de Hebreos 11. La esperanza que engendra la fe es concreta, psicológica, emotiva y experiencial; también son palpables los múltiples beneficios propios de la fe. Hasta aquí resulta muy difícil quedarse con una comprensión solamente lineal (declarativa) de la fe. Ya hemos discutido este asunto atrás. Pero, ¿cuáles beneficios y responsabilidades palpables tenemos los creyentes como resultado de la fe, a parte de la salvación y la esperanza de gloria mientras peregrinamos en esta tierra?

LA FE ES LA GENERATRIZ DEL AMOR POR EL CUAL HACEMOS LAS OBRAS DE MISERICORDIA

Las Escrituras siempre conectan la fe tanto con la verdad como con la justicia y las obras de misericordia. Estos componentes solían ser las causas por las que los profetas alentaban al pueblo a arrepentirse, o bien, presagiaban algún mal agüero porvenir para el pueblo.[5]

Para Cristo y los apóstoles, el creer se hacía manifiesto por las obras de amor. En el capítulo siguiente (9) desarrollamos este asunto con mayor amplitud.

LA FE FORTALECE Y CUBRE AL CREYENTE EN LA BATALLA QUE LIBRA

Si alguien es creyente, de seguro que está al tanto de la guerra espiritual que libra a diario. De hecho, no es bueno ignorar la realidad de la guerra espiritual que libra el creyente, cuya intensidad es feroz, y se libra tanto en la mente como en los miembros corporales. De aquí la absoluta necesidad de depender de Dios como el soberano en oración y sumisión. Algunos han llamado a esto "la batalla de la fe". Y

---

4 Hebreos 11.13-16. (Énfasis mío)

5 *Ver*, p. ej.: Deuteronomio 10.12; Proverbios 16.6; Isaías 42.21; Zacarías 7.9; Miqueas 6.8. (Ver también Lucas 11.42)

sin duda alguna, "la victoria que ha vencido al mundo es *nuestra fe*".[6]

Entonces, la fe nos ayuda a ganar cada batalla que enfrentamos en nuestro diario vivir. Los que estamos crucificados con Cristo, *habiendo crucificado nuestra carne con sus pasiones y deseos*,[7] tenemos el deber y la debida motivación de tomar y hacer uso de todas las armas de guerra que nos fueron entregadas por Cristo para la destrucción de fortalezas.

Estamos revestidos con *el escudo de la fe*. Arremetemos en pos de la conquista con *la espada del Espíritu*, que es "la Palabra de Dios". El entrenamiento y la pericia nuestra en el "Evangelio" representan *nuestro calzado*. Y *el casco* que nos protege es "la salvación", en la que somos guardados por el gran poder de Dios. La oración ha de estar sobre todos estos recursos recibidos. Esta figura de los componentes de los dones del Espíritu que posee el creyente es altamente didáctica, aunque en figura. Se ponen juntos: "*la salvación*, un yelmo"; "*la fe*, un escudo"; "*el evangelio*, el calzado"; "*la Palabra*, la espada del Espíritu"; "*la justicia* [nuestra], un cinturón"; etc. Fíjese, los dones son herramientas aquí. Son asuntos que tenemos y poseemos. Esto es magistral. Pero dice: "y sobre todo esto, la oración".[8]

John Pipe en su libro "Alégrense las Naciones", nos dibuja este recurso de la oración así: "La oración es el radio portátil, el instrumento a través del cual nos comunicamos con el centro de comando (el cielo), directamente con nuestro general (Cristo)".[9] Sabemos que nuestro enemigo mayor, quien comanda los ejércitos de maldad, no es de este mundo. Los principales enemigos en esta batalla son espirituales, de los aires, son ángeles caídos o demonios que se inmiscuyen en cada asunto de la cotidianidad planetaria.

Pero nosotros estamos confiados en nuestro Adalid, quien venció al mundo y al maligno. Es más, ató (o atará) al maligno por "mil años".[10] El terrorífico capitán de las fuerzas del mal, Apolión, ya ha

---

6   Ver 1 Juan 5.4.
7   Gálatas 2.20; 5.24
8   Ver Efesios 6.10-17.
9   Piper, John. Alégrense Las Naciones. Pág. 38.
10 Ver Mateo 12.29; Apocalipsis 20.2.

sido juzgado y fue hallado culpable. (Juan 16.11). El destino de Apolión está asegurado en el lago de fuego y azufre que arde por los siglos de los siglos. (Apocalipsis 20.10)

La fe que nos ha sido dada garantiza nuestra victoria. Como dice el himno: "Fe la Victoria Es". Peleamos con la mirada puesta en nuestro protector; de victoria en victoria. "Somos guardados por el poder de Dios para obtener *el fin de nuestra fe, la salvación*". Nosotros esperamos, según su promesa, un día estar en gloria, mirando el rostro de Jesucristo frente a frente, en un nuevo cielo y una tierra renovada. Es reconfortante saber que:

"Esta es la victoria que ha vencido al mundo, nuestra fe".[11]

LA FE NOS FACULTA PARA SER AGRADABLES A DIOS MIENTRAS AGUARDAMOS SUS PROMESAS

Sin fe no sólo es "imposible" agradar a Dios, sino que sin fe es también imposible estar de pie en la feroz lucha contra los terrores del infierno y la organización de los poderes de las tinieblas y el Abadón.

Por otra parte, la gran nube de testigos que nos han precedido fueron todos victoriosos por la fe. *Por la misma fe* Abel, Enoc, Noé, Abraham y Sara, Isaac, Jacob, José, los padres de Moisés, Moisés, los Israelitas, Rahab, Gedeón, Barac, Jefté, David, Samuel, los profetas, aunque no recibieron en esta vida lo que Dios les había prometido; eso propició que ellos, mientras aguardaban la redención final, por la fe:

"...conquistaran reinos, hicieran justicia, alcanzaran promesas, taparan bocas de leones... Otros experimentaron vituperios y azotes, y a más de esto prisiones y cárceles. Fueron apedreados, aserrados, puestos a prueba, muertos a filo de espada; anduvieron de acá para allá cubiertos de pieles de ovejas y de cabras, pobres, angustiados, maltratados; de los cuales el mundo no era

---

11 1 Juan 5.4.

digno; errando por los desiertos, por los montes, por las cuevas y por las cavernas de la tierra".[12]

Creo que, frente al texto anterior, es de carácter vital que respondas la pregunta: ¿Estaré yo enlistado en el ejército de guerreros de Dios que batallan en la fe y por la fe?

Quizás estés cansado y te sientas abatido, pero aún batallas. El peligro es cuando no hay batalla. Si no existe "la lucha" en la fe y por la fe (Judas 3), entonces: o no entiendes la fe, o estás muerto, o puede que estés muy lejos de Cristo. Creo que es pertinente que te detengas y resuelvas este asunto con Dios ahora. Ahí está la oración. Ponte en contacto con el Capitán. Ten por cierto que el nunca desprecia ni rechaza un corazón contrito y humillado.

LA FE PRESERVA AL CREYENTE EN SU CAMINAR CON DIOS

"En lo cual vosotros os alegráis, aunque ahora por un poco de tiempo, si es necesario, tengáis que ser afligidos en diversas pruebas, para que sometida a prueba vuestra fe, mucho más preciosa que el oro, el cual aunque perecedero se prueba con fuego, sea hallada en alabanza, gloria y honra cuando sea manifestado Jesucristo, a quien amáis sin haberle visto, en quien creyendo, aunque ahora no lo veáis, os alegráis con gozo inefable y glorioso; obteniendo el fin de vuestra fe, que es la salvación de vuestras almas".[13]

La fe debe ser probada como por fuego, con diversas pruebas y tribulaciones. Esto no era una condición solo para los creyentes de los tres primeros siglos del cristianismo. Sigue siendo un distintivo hoy de la verdadera vida de fe y piedad. Cuando estamos en diversas pruebas y tribulaciones, no se trata de algo extraño, sino común, una constante

---

12 Hebreos 11.33-38.
13 1 Pedro 1.6-9.

a la vida cristiana.

Pero la fe nos guarda y preserva. Tanto la paciencia, como dicho en el capítulo anterior, como la perseverancia son frutos de la fe; ambas son absolutamente necesarias para la vida. Y puesto que sin la fe es imposible agradar a Dios, implica que es por la fe que somos guardados para obtener el galardón. Así que:

> "Por tanto, nosotros también, teniendo en derredor nuestro tan grande nube de testigos, despojémonos de todo peso y del pecado que nos asedia, y corramos con paciencia la carrera que tenemos por delante, puestos los ojos en Jesús, el autor y consumador de la fe, *el cual por el gozo puesto delante de Él sufrió la cruz*, menospreciando el oprobio, y se sentó a la diestra del trono de Dios".[14]

Ya que Jesús es el autor y consumador de la fe, poner nuestra mirada en el garantiza que pacientemente sigamos en la carrera al cielo, despojándonos del pecado que nos asedia. La lista de héroes de la fe es nuestra gran nube de testigos de que así sucede.

LA FE INFUNDE CORAJE Y DENUEDO EN LA MISIÓN Y EL MINISTERIO DE LOS CREYENTES

Aunque la llenura del Espíritu fue lo que generó el denuedo en los apóstoles,[15] también vemos referencias en los escritos apostólicos que estos apelaron a la fe como la sustancia de su denuedo.[16]

Cristo le prohibió salir a los apóstoles del lugar donde se encontraban en Jerusalén hasta que fuesen investidos del Espíritu.[17] La batalla por la fe es tan feroz que sería imposible prevalecer sin la investidura del Espíritu de Gracia y Verdad que engendra la fe en nosotros y que viene por esa fe.

---

14 Hebreos 12.1, 2.
15 *Ver* Hechos 4.31.
16 *Ver* Hechos 14.3, 13; Tito 2.1; 2 Pedro 1.5-8.
17 *Conf.* Hechos 1.1-8.

La lista de héroes de la fe en Hebreos 11 da testimonio de que aquellos vencieron, manteniéndose firmes a pesar de las pruebas y tribulaciones, precisamente levantaron el pendón de la bandera de la victoria solo por la fe.

CAPÍTULO 9

LOS NEXOS ENTRE LA FE, EL AMOR Y LAS OBRAS DE MISERICORDIA

Tratar sobre la fe y la salvación, dejando de lado el tema del amor y las obras de misericordia sería dejar inconclusa esta obra. Es indiscutible que existe un hilo conector entre la fe, el amor y las obras. Pero, además, resulta esclarecedor considerar este nexo. Para iniciar nuestra discusión aquí, echemos un vistazo al texto de 1 Corintios 13.4-8:

LO QUE SÍ ES EL AMOR
El amor es sufrido (gr. *macrothumei:* paciente, sufre o espera mucho tiempo), es benigno (bondadoso, amable);

COMO ES EL AMOR
[El amor] se goza de la verdad. ⁷Todo lo sufre (soporta, aguanta), todo lo cree, todo lo espera, todo lo soporta (toma con paciencia).

LO QUE NO ES EL AMOR
El amor *no cela* (gr. *zeloy*; celo, envidia), el amor *no es* jactancioso (auto orgulloso), *no se* envanece (gr. *fisiou:* corporal, natural, naturaliza, enorgullece); *no* hace nada indebido, *no busca* lo suyo, *no se* irrita (provoca fácilmente, aíra fácil), *no guarda* rencor (gr. *kakon*: malo); *no se* goza de la injusticia, mas se goza de la verdad. Todo lo sufre (soporta, aguanta), todo lo cree, todo lo espera, todo lo soporta (toma con paciencia, aguanta).

El amor nunca deja de ser...

Estos negativos apuntan a la naturaleza del amor. Aquí Pablo está poniendo en tensión el amor contra los frutos de la carne. Los frutos de la carne son: envidia, celo, orgullo, rencor, centrarse en uno mismo, etc. Fíjese que ser "de la carne", no implica "algo concreto". Todos estos frutos son metafísicos en su naturaleza, pero se les llama "de la carne".

No tenemos espacio aquí, pero la expresión "la carne" en las sagradas Escrituras, especialmente en la literatura paulina, con pocas excepciones se usa en el sentido concreto y común, por lo general es una metáfora que refiere 'aquello que es contrario a lo espiritual o piadoso'. El pensamiento puede ser carnal, tanto como un acto. Lo mundanal es lo carnal.

Este contraste contencioso del 'amor' contra la 'carne' es una referencia clara a *la procedencia del amor*. No es de extrañarnos entonces que el amor verdadero provenga de Dios. Ya está definido aquí que no es carnal ni natural. De hecho, la palabra griega que se utiliza para lo que la gente entiende como "amor", en lo que se enfoca nuestro mundo, es "*eros*"… Y ¿adivina qué?, ese vocablo *nunca* ocurre en el Nuevo Testamento, ni siquiera una sola vez. Por el contrario:

"*Amados, amémonos unos a otros;* [¿por qué?] *porque el amor es de Dios. Todo aquel que ama, es nacido de Dios, y conoce a Dios. El que no ama, no ha conocido a Dios; porque Dios es amor*".[1]

Este pasaje es serio y comprometedor. La verdad sobre el amor es que es un don de Dios, y es el indicador de que Dios habita (o no) en la vida de alguien. Si alguien odia alguna persona, entonces Dios está ausente en la persona que odia. Si alguien no ama, incluso a sus enemigos, implica que Dios anda lejos de ese corazón.

El nuevo nacimiento o la regeneración es el momento en que somos investidos con el verdadero amor. La investidura del Espíritu genera en el creyente el llamado "fruto del Espíritu", y, en consecuencia, la llenura del amor. En ese momento, entonces, se comienza a

---

1 1 Juan 4.7, 8. (Énfasis mío)

cultivar, hacer crecer, y vivir paulatinamente en el amor de Dios.[2]

EL AMOR: QUÉ ES, CÓMO ES, Y QUÉ NO ES

Antes de analizar el amor debemos establecer algunos fundamentos que son axiomáticos.

El verdadero amor, sin duda alguna, procede de Dios. (Romanos 5.5; 1 Juan 4.7)

Dios es amor. (1 Juan 4.7, 8)

El amor es de Dios. (1 Juan 4.7, 8)

Dios nos ha provisto descripciones e ilustraciones del amor. (Ej.: "El hijo pródigo"; "Volver la otra mejilla"; "El deber de perdonar hasta 70 veces 7 al ofensor"; etc.).

Dios ha modelado y mostrado el verdadero amor. (Juan 3.16). El hombre caído no puede amar verdaderamente, pues carece del verdadero amor.

Se nos ha dado el mandamiento de amar (en la Biblia). *De hecho, se le llama* "el gran mandamiento". El hombre sólo puede amar verdaderamente si es regenerado.

¿TIENE QUE SER EL AMOR VERDADERO OBLIGATORIAMENTE UN DON DE DIOS?

Hagamos un análisis...

En el idioma hebreo, la palabra que mayormente se traduce como amor es 'ahab ('oheb) (208 veces en el AT), se refiere a amar tal cual

---

[2] *Ver* Romanos 5.5; Gal 5.22-24; Romanos 8.9; Efesios 1.13, 14.

lo utilizamos en nuestro idioma.³ Es decir, amar, gustar, querer, a personas, a Dios, tener deseo por las cosas, etc.⁴ Es decir, que en el Antiguo Testamento, el amor se utiliza en el mismo sentido nuestro.

En el idioma griego, la palabra magna que se utiliza para el vocablo amor es *ágape* (nombre nominativo, singular, masculino), *p.ej.*: Es la palabra que aparece en 1 Corintios 13, Romanos 5.5; 1 Juan 4.7, 8; y en la mayoría de los textos ya citados. Se utiliza 116 veces en el NT (sin considerar las variantes). En el tiempo *presente, del modo imperativo activo, en la segunda persona del plural* (*agapao*: amad), aparece 142 veces. Como adjetivo (*agapatos*: amados), aparece 47 veces. Significa: amor, amor de hermandad, afección, buena voluntad, benevolencia.⁵

He oído exégesis exageradas diciendo que *ágape* es el amor divino. Pero eso es fruto de una hermenéutica mal fundada. En realidad, es un término común. Bien que en el contexto del Nuevo Testamento se le da un matiz piadoso, acorde al uso y la frecuencia apostólica.

Cuando se nos habla del amor en la Biblia, encontramos entonces:

El amor es… esto plantea una definición. El amor nunca deja de ser... lo cual plantea su durabilidad.

Amarás al Señor tu Dios *con todo* tu corazón, *con todas* tus fuerzas, *con toda* tu alma.⁶ Lo cual plantea la intensidad con que se ha de amar.

Amad aún a vuestros enemigos,⁷ lo cual plantea el alcance del amor. Es decir, plantea que el amor es incondicional y sin

---

3 *Enhance Strong's Lexicon*. Software Bíblico Logos 7.

4 *Ejs.*: Deuteronomio 6.5; 10.18; 11.1; Salmo 11.5; Prov. 3.12; 12.1; 17.17; 19.8; Cantares 1.7; 3.1-4; Oseas 3.1; Etc.

5 *Enhance Strong's Lexicon*. Software Bíblico Logos 7. (*Ej.:* Mateo 5.44; Efesios 5.25; Col 2.19; 1 Pedro 2.17)

6 Mateo 22.37.

7 Mateo 5.44.

acepción. Esto sería una cualidad del amor imposible en el hombre caído.

Maridos, amad a vuestras mujeres como Cristo amó la iglesia, lo cual plantea un grado comparativo del amor, como "el de Dios".[8]

Amad la verdad y la justicia, que implica una inclinación del amor, a saber, a lo moral.

Y, en sentido negativo, incluso:

No améis al mundo, ni las cosas que están en el mundo. Si alguno ama al mundo, el amor del Padre no está en El.[9] Una declaración negativa de contraste que indica en qué objeto está puesto el amor de aquellos que no tienen a Dios ni su amor.

Todos estos factores bíblicos sobre el amor apuntan a una condición. El amor, que es una habilidad del ser, que se alberga en el corazón, plantea un estado o condición del individuo que ama. De ahí que podamos establecer aquí que el amor verdadero es un don de Dios que se implanta en el corazón del hombre (y/o la mujer) de Dios.

La condición de amar 'aun a vuestros enemigos', lo cual incluye amar incluso a un cónyuge que te ha traicionado, o alguien que ha arremetido contra tu persona o contra tu familia de una manera cruel, etc. Este mandamiento nos lleva a la reflexión de que el amor verdadero debe ser un don, porque de no ser así, no habría posibilidad alguna de que en el estado natural o condición no regenerada alguien pueda amar. La realidad es que amar incluso a un enemigo, requiere de una condición del ser, y no de un mero ejercicio individual en una ocasión dada.

---

8   *Ver* Efesio 5.25-27. *Cf.* Romanos 5.5.
9   1 Juan 2.15.

Se trata de algo parecido a lo que acontece con la fe y la justificación. La fe es un don espiritual otorgado por gracia, sin el cual el ser humano no podría agradar a Dios ni ser regenerado ni justificado delante de Dios.

Es necesario puntualizar que el amor es un don que Dios da sin medida,[10] por lo que se nos manda a amar a Dios sobre todas las cosas, y al prójimo como a uno mismo.

Por cierto, Dios ama sin medida:

"Pero Dios, que es rico en misericordia, por su gran amor con que nos amó".[11]

Y el amor del verdadero creyente debe ser abundante, es el mismo amor de Dios:

"Debemos siempre dar gracias a Dios por vosotros, hermanos, como es digno, por cuanto vuestra fe va creciendo, y el amor de todos y cada uno de vosotros abunda para con los demás; tanto, que nosotros mismos nos gloriamos de vosotros en las iglesias de Dios, por vuestra paciencia y fe en todas vuestras persecuciones y tribulaciones que soportáis".[12]

Este pasaje correlaciona la fe con el amor, además de mostrar su medida, a saber, abundante.

EL MANDATO DE DIOS A SUS CRIATURAS

"Amados, amémonos unos a otros; porque le amor es de Dios. Todo el que ama, es nacido de Dios, y conoce a Dios".[13]

---

10   *Conf.* Efesios 2.4; 2 Tesalonicenses 1.3, 4; Mateo 22.37.
11   Efesios 2.4.
12   2 Tesalonicenses 1.3, 4.
13   1 Juan 4.7.

"Un mandamiento nuevo os doy: que os améis unos a otros; como yo os he amado, que os améis unos a otros".[14]

Creo que el mandato no admite objeción alguna. Se nos manda amar a Dios y a todas las personas. Tampoco es un problema comprender que el amor "procede de Dios", pues "es de Dios", y "Dios es amor". El verdadero problema debe verse en la capacidad. ¿Puedo yo amar como Dios me está mandando? La respuesta es: Solo pudieras si Dios habitara en tu persona. Esto apunta a la necesidad absoluta de la regeneración para poder amar bajo los estándares de Dios.

Ese es precisamente el nexo del amor con la fe. El creyente en Cristo es la morada del Espíritu Santo de Dios. La fe y el amor son dones de Dios impartidos por el Espíritu en los creyentes.[15] Entonces, el amor procede de la misma fuente que la fe, y son virtudes impartidas a los santificados por el mismo Espíritu.

El *locus clásico* sobre el amor es 1 Corintios 13 y en tal pasaje se correlacionan en grado de importancia ambas virtudes, si bien en tal pasaje no se especifica su procedencia. Pero, *la fe, la esperanza y el amor* son las tres virtudes cardinales. En otros textos ya citados somos instruidos en lo concerniente a su naturaleza y procedencia.

Lo cierto es que Dios nos ha dado el mandamiento de amar.

¿CÓMO PUEDE ALGUIEN SABER CON SEGURIDAD, MIENTRAS AÚN VIVE, QUE PERTENECE A DIOS? ¿ES ESTO POSIBLE?

Tanto Cristo, en sus discursos, como Juan y Santiago en sus escritos, se refirieron abundantemente a este asunto. Para nuestro Señor, la capacidad de Amar era sinónimo de guardar Sus Mandamientos. Y guardar sus mandamientos es sinónimo de tener vida eterna. Le respondió a un joven que le adulaba:

---

14   Juan 13.3,4; *cf.* 15.12.
15   *Ver* efesios 1.13, 14; Romanos 8.9.

"Él le dijo: ¿Por qué me llamas bueno? Ninguno hay bueno sino uno: Dios. Mas si quieres entrar en la vida, guarda los mandamientos".[16]

La respuesta del Señor a los doctores de la ley de sus días al ser cuestionado sobre tan singular y simple tema fue:

"Maestro, ¿cuál es el gran mandamiento en la ley? Jesús le dijo: Amarás al Señor tu Dios con todo tu corazón, y con toda tu alma, y con toda tu mente. Este es el primero y grande mandamiento. Y el segundo es semejante: Amarás a tu prójimo como a ti mismo. De estos dos mandamientos depende toda la ley y los profetas".[17]

El amor a Dios y al prójimo es el cumplimiento de la Palabra de Dios. El amor a Dios y al prójimo son el propósito y el resumen de la ley de Dios. Jesús dijo a sus discípulos:

"Si me amáis, guardad mis mandamientos".[18]

Juan, el discípulo amado, captó profundamente el nexo entre el amor, la fe y la salvación.

"Pues este es el amor a Dios, *que guardemos sus mandamientos*; y sus mandamientos no son gravosos. [4]Porque todo lo que es nacido de Dios vence al mundo; y esta es la victoria que ha vencido al mundo, *nuestra fe*. ¿Quién es el que vence al mundo, sino *el que cree* que Jesús es el Hijo de Dios?"[19]

---

16 Mateo 19.7.
17 Mateo 22.36-40.
18 Juan 14.15.
19 1 Juan 5.7, 8.

Note el nexo indivisible entre el amor, la fe y guardar los mandamientos (las obras). Para Juan, guardar los mandamientos de Cristo era vencer al mundo, vencer al mundo es el resultado de la fe, y la suma de la fe es creer que Jesús es el Hijo de Dios.

De hecho, Juan escribió que el amor es el distintivo de que alguien ha nacido de nuevo:

"Amados, amémonos unos a otros; *porque* el amor es de Dios. Todo aquel que ama, es nacido de Dios, y conoce a Dios. El que no ama, no ha conocido a Dios; porque Dios es amor".[20]

Es evidente en este texto que el amor es el distintivo del nuevo nacimiento. El amor en los escritos juaninos es el equivalente a guardar los mandamientos.

Juan hace algo impresionante en sus escritos respecto a cómo alguien puede saber si ha sido salvo o no, si pertenece a Dios o no. El escribe: "*Estas cosas os he escrito a vosotros que creéis en el nombre del Hijo de Dios, para que sepáis que tenéis vida eterna, y para que creáis en el nombre del Hijo de Dios*".[21] En otras palabras, Juan nos está diciendo que sus escritos son para que nosotros nos aseguremos si hemos sido salvos o no. De hecho, lo escribió de otro modo en el evangelio: "*Pero éstas se han escrito para que creáis que Jesús es el Cristo, el Hijo de Dios, y para que creyendo, tengáis vida en su nombre*".[22]

Juan establece sus propósitos en sus escritos con mucha claridad. Utiliza una lógica sencilla, y suele utilizar un paralelismo sinónimo y líneas complementarias y/o antitéticas para establecer su punto. En el verso anterior, Juan nos está dando a entender "cómo saber si somos de Dios o no". A la pregunta, entonces: ¿Cómo puedes tu saber si has sido salvo o no? Juan responde: "si has creído que Cristo es el Hijo de Dios".[23]

---

20 1 Juan 4.7, 8.
21 1 Juan 5.13.
22 Juan 20.31.
23 *Conf.* Juan 1.12, 13; 20.30, 31; 1 Juan 4.7, 8; 5.7, 8, 13.

A la pregunta, entonces: ¿Y cómo yo me cercioro que verdaderamente he creído en Cristo? Juan responde: "Si guardas sus mandamientos".[24]

A la pregunta: ¿Cómo yo sé que guardo los mandamientos? Si respondiéramos, "al amar a Dios y a tu prójimo", estaríamos trayendo un razonamiento circular que nos dejaría igual que si no supiéramos nada. Aquí entonces acudimos a Pablo y a Santiago.

De hecho, lo que haremos a continuación es mostrar el nexo indefectible entre el amor y la fe, o mejor, entre la fe y las obras de amor y misericordia. Pablo escribe:

"El amor no hace mal al prójimo; así que el cumplimiento de la ley es el amor".[25]

Amar es cumplir la ley (los mandamientos). Este es el mismo razonamiento de Juan y el mandamiento de Cristo que discutimos anteriormente.

A estas alturas es menester recordar que aunque la salvación es de pura gracia, increíblemente el Señor nos contó una parábola en la que Él estable cual será el elemento de juicio en su gran juicio de las naciones, impresionantemente será la práctica del amor. Citaremos la parábola más adelante.

¿CUÁL ES ENTONCES EL NEXO ENTRE EL AMOR Y LA FE?

Para algunos (como Agustín y Calvino[26], p. ej.), la fe engendra el amor. En el caso particular de Agustín, sus estudios apuntan no directamente a los nexos entre la fe y el amor, sino a la acción de la fe en la voluntad y las afecciones.[27] Independientemente de cómo suceda, la fe y el amor tienen un nexo indivisible, hasta el punto de que se

---

24 *Cal.* Juan 14.15; 1 Juan 4.7, 8.
25 Romanos 13.10.
26 De hecho, Calvino insistió que: *"la fe es anterior al amor y lo engendra"*. (Garrett, J. L. Teología Sistemática. Tomo II, pág. 252)
27 Garrett, J. L. Teología Sistemática. Tomo II, pág. 251.

hace imposible amar sin fe, y la fe es la generatriz de las obras de amor y misericordia, porque, como hemos demostrado en este escrito, indiscutiblemente la fe antecede al amor en virtud de las operaciones del Espíritu versus la investidura del Espíritu.

La defensa de Santiago de las obras de la fe apunta a éste nexo. Las obras de la fe son las obras del amor y la misericordia. Las obras de la fe son el amor al prójimo. Santiago escribe:

"Hermanos míos, ¿de qué aprovechará si alguno dice que tiene fe, y no tiene obras? ¿Podrá la fe salvarle? Y si un hermano o una hermana están desnudos, y tienen necesidad del mantenimiento de cada día, y alguno de vosotros les dice: Id en paz, calentaos y saciaos, pero no les dais las cosas que son necesarias para el cuerpo, ¿de qué aprovecha? Así también la fe, si no tiene obras, es muerta en sí misma. Porque como el cuerpo sin espíritu está muerto, así también la fe sin obras está muerta".[28]

Impresionante pasaje. La fe sin obras es como un cuerpo sin espíritu, es decir, es muerta.

Por otra parte, Juan ve el cumplimiento del amor verdadero en "guardar los mandamientos". El tono de juan es el mismo que el de Santiago. Incluso, esto hace que se pueda entender mejor a Pablo cuando desconecta la fe salvadora de las obras. No es que estén desconectadas, es que la fe es independiente de las obras de amor en el sentido salvador. Quizá sea la razón por la que Calvino y otros expusieron que la fe engendra el amor.

"Si alguno dice: Yo amo a Dios, y aborrece a su hermano, es mentiroso. Pues el que no ama a su hermano a quien ha visto, ¿cómo puede amar a Dios a quien no ha visto?"[29]

---

28 Santiago 2.14-17, 26.
29 1 Juan 4.20.

Cristo, en su famoso discurso escatológico previo a sus padecimientos registrado por Mateo en los capítulos 24 y 25 de su evangelio, conectó la salvación y la condenación con "las obras de misericordia". No podemos dejar pasar por alto la sección de su discurso que nos habla de 'en base a qué dictará Cristo el veredicto final en su segunda venida'.

"Cuando el Hijo del Hombre venga en su gloria, y todos los santos ángeles con Él, entonces se sentará en su trono de gloria, y serán reunidas delante de él todas las naciones; y apartará los unos de los otros, como aparta el pastor las ovejas de los cabritos. Y pondrá las ovejas a su derecha, y los cabritos a su izquierda.

Entonces el Rey dirá a los de su derecha: Venid, benditos de mi Padre, heredad el reino preparado para vosotros desde la fundación del mundo. Porque tuve hambre, y me disteis de comer; tuve sed, y me disteis de beber; fui forastero, y me recogisteis; estuve desnudo, y me cubristeis; enfermo, y me visitasteis; en la cárcel, y vinisteis a mí. Entonces los justos le responderán diciendo: Señor, ¿cuándo te vimos hambriento, y te sustentamos, o sediento, y te dimos de beber? ¿Y cuándo te vimos forastero, y te recogimos, o desnudo, y te cubrimos? ¿O cuándo te vimos enfermo, o en la cárcel, y vinimos a ti? Y respondiendo el Rey, les dirá: De cierto os digo que en cuanto lo hicisteis a uno de estos mis hermanos más pequeños, a mí lo hicisteis.

Entonces dirá también a los de la izquierda: Apartaos de mí, malditos, al fuego eterno preparado para el diablo y sus ángeles. Porque tuve hambre, y no me disteis de comer; tuve sed, y no me disteis de beber; fui forastero, y no me recogisteis; estuve desnudo, y no me cubristeis; enfermo, y en la cárcel, y no me visitasteis. Entonces también ellos le responderán diciendo: Señor, ¿cuándo te vimos hambriento, sediento, forastero, desnudo, enfermo, o en la cárcel, y no te servimos? Entonces les responderá diciendo: De cierto os digo que en cuanto no lo hicisteis a uno de estos más pequeños, tampoco a mí lo hicisteis. E irán éstos al castigo eterno, y los justos a la vida eterna".[30]

El pasaje anterior deja a cualquiera simplemente estupefacto. El Señor está diciendo que cuando el regrese y se siente en su trono de gloria, y sus santos ángeles con él, enjuiciará a todos los humanos en base a sus obras de amor y de misericordia.

Esta magistral declaración elimina toda pretensión de una fe meramente metafísica y desligada del amor. Por otra parte, establece el indivisible nexo entre ambas virtudes. Pero, además, nos da *un termómetro para medir la fe verdadera.*

Este texto resulta perfecto para que los cristianos nos auto evaluemos a ver si verdaderamente estamos en la fe, la cual, como demuestra Santiago en su carta, tiene una arista concreta que se denomina "amor" u "obras de amor", o simplemente "buenas obras".

Aunque el pasaje anterior trata del veredicto final a los humanos divididos en dos bandos, aunque es posible ver el juicio final desde un escrutinio de juicio individual: "porque todos compareceremos ante el tribunal de Cristo",[31] sin duda alguna, "para dar cuenta individual";[32] no obstante, este texto del magistral discurso escatológico del Señor a sus discípulos, cuando fue cuestionado por ellos sobre el particular (Mateo 24.1, 2), elimina toda duda sobre el indiscutible nexo entre la salvación y la práctica del amor que engendra el Espíritu en el creyente (el hombre de fe).[33]

Cristo no solo describe la salvación final en términos de un juicio de obras de amor y misericordia, sino que define la condenación eterna, como opuesto a la salvación eterna, en los mismos términos.

De tal manera que la salvación, que es entera y únicamente por fe, sin la mediación de las obras de la ley,[34] es exactamente la misma fe

---

30 Mateo 25.31-46.
31 Romanos 14.10b.
32 *Ver* Romanos 14.12.
33 *Ver* Romanos 5.5; Efesios 1.13, 14.
34 Romanos 3.28; 5.1.

que engendra, por el mismo Espíritu, otras virtudes cristianas, como la mayor de ella, a saber, el amor; y también alimenta la esperanza.

Santiago no estaba errado en su razonamiento sobre las obras de la fe, como tampoco Juan ni Cristo al conectar las obras de misericordia con el amor, o confundirlas con éste. El amor a Dios y al prójimo se ve por las obras de misericordia, del mismo modo que el cumplimiento de la ley es el amor a Dios y al prójimo.

Las obras de misericordia son el fruto necesario de la fe, de ahí que Agustín y Calvino conectaran la fe con el amor haciendo depender el amor y sus obras de la fe salvadora. Cuando Pablo escribió: *"Porque por gracia sois salvos, por medio de la fe; y esto no de vosotros, pues es don de Dios; No por obra, para que nadie se gloríe"*.[35] También escribió, conectado al razonamiento anterior: *"Porque somos hechura suya, creados en Cristo Jesús para andar en buenas obras, las cuales Dios preparó de antemano para que anduviésemos en ellas"*.[36] ¿No nos está conectando, acaso, la salvación con las obras; no en que la primera dependa en algún ápice de la segunda; sino en que estas (las obras de amor) son el fruto natural de haber sido salvos por la fe?

Si no resulta satisfactorio el razonamiento de Agustín sobre la obra de la fe en transformar la voluntad, y, por tanto, los afectos del regenerado; o el de Calvino sobre que la fe engendra el amor; a lo menos deberíamos recibir que siendo que el Espíritu Santo viene a hacer morada en los creyentes por la fe (Efesios 1.13, 14), el fruto del Espíritu es el amor, el gozo, etc.

El amor engendrado por el don del Espíritu (fruto), es el impulso de toda obra de misericordia. Yo no veo las cosas aquí como Calvino, ni necesariamente como las vio Agustín, sino como he expuesto en este último razonamiento; sin dejar de considerar el valor de sus posturas. Pero no necesariamente veo que el fruto del Espíritu sea el fruto de la fe, sino que la fe, que es un don de gracia, al propiciar la morada del Espíritu Santo en nosotros, provoca que el fruto del

---

35 Efesios 2.8, 9.
36 Efesios 2.10.

Espíritu (incluyendo el amor, el gozo y la fidelidad)[37] sea manifiesto en el creyente.

Obviamente queda resuelto, aunque no del todo satisfactorio, el asunto del orden de la recepción de la fe y la morada del Espíritu en los salvos. Ya discutimos este asunto en el capítulo 7 de esta obra.

DELIMITANDO EL AMOR

Como se ha podido observar en el recuento bíblico hasta aquí, *el amor piadoso, por definición, es un don que procede única y exclusivamente de Dios*. El amor es engendrado en los corazones de los santificados como un don de gracia por el Espíritu Santo. Los frutos del amor son un apego apasionado por Dios, por su Palabra, y por las obras y los asuntos de Dios. El amor impulsa a las buenas obras.

A este punto, usted quizás se pregunte: ¿Cómo podría yo amar a mi excónyuge? ¿Cómo puedo alguien amar a su enemigo, a alguien que me violó, o a alguien que violó a mi hijo o a mi hija? O ¿Cómo podría yo perdonar a una criatura fruto de una violación y dejarla nacer? ¿O perdonar a un abogado o estafador que me dejó en ruinas, quedándose con el sudor de mi frente y la herencia que sudaron mis ancestros? ¿Cómo puede alguien amar a un paupérrimo extranjero, aquellos que han odiado mi cultura por mil generaciones? ¿Qué tengo yo que hacer para amar tanto a los demás que les hable del evangelio, e incluso, saque tiempo y disponga recursos para discipularlos y aconsejarlos (incluyendo a quienes no conozco)? ¿Cómo puedo yo perdonar a esa persona que me ha hecho tanto mal? ¿Cómo es posible que alguien deje sus comodidades, su carrera exitosa, sus logros, etc., para irse a tierra de nadie a predicar a Cristo, como lo hace un misionero?

Respondiendo a esto, te puedo decir que si Cristo mora en tu corazón, no tendrás verdaderas dificultades con amar a los demás. La data bíblica, de la que hemos hecho eco en este breve estudio, es enfática en declarar tanto la fuente del verdadero amor (Dios), como

---

37 *Ver* Gálatas 5.22.

la abundancia de Dios al repartir dicho don en sus santos, lo derrama en abundancia.[38]

Sobre el resto de las preguntas, como la del inconcebible impulso misionero, por ejemplo, debes saber que cuando Cristo viene a hacer morada en el corazón de un hombre o una mujer, por su Espíritu; no es una simple idea que se aloja en la mente del regenerando, es el mismo Dios, y Cristo toma el absoluto control de esa persona. ¿No es Cristo acaso el Señor? El ciertamente lo es. Él ha hecho morada en el regenerado, incluso haciéndose Señor supremo y soberano de ese corazón.

Por cierto, si ese no es el grado de dominio que ocupa Cristo en tu vida, no le conoces aun, y lo más seguro que tampoco lo hayas experimentada como tu Señor y Amor.

¡Él es el Señor!

UN MODELO PERFECTO

Por sobre todo lo dicho, Dios no solo nos dio su perfecto don en abundancia, sino que modeló como se debe amar. Dice la Escritura: "Nadie tiene mayor amor que este: 'que uno ponga su vida por sus amigos'".[39] Cristo es el modelo de nuestro amor. Fil 2.4ss; Juan 3.15, 16; entre otros textos, modelan ese gran amor de Dios que tú y yo deberíamos ver reflejado en nuestras vidas.

A resumidas cuentas, la práctica del amor sagrado (el amor verdadero que proviene de Dios) no es opcional, es el impulso natural del verdadero regenerado. El nuevo nacimiento sembró en el creyente por el Espíritu de Cristo el verdadero amor.

En consecuencia, dicho mandato apunta a una respuesta voluntaria, y tal respuesta es el fruto del nuevo nacimiento, la vida nueva en Cristo por la fe. Al nacido de nuevo no hay que empujarlo al deber, el sacrificio, ni a las obras de justicia y de amor; estas resultan como activos implantados por el Espíritu en el regenerado.

---

38 Romanos 5.5.
39 Juan 15.13.

El más grave problema de la dejadez o la pasividad de un verdadero cristiano al respecto no es un asunto ni de capacidad ni de poder, más bien de verdadera dependencia de Cristo o de ignorancia. Es ahí la razón del sagrado deber de todo verdadero creyente de hurgar, aprender y entender la Revelación divina. En boca del proverbista: "adquirir la sabiduría".

De manera misteriosa, la práctica eficiente de las virtudes y dones espirituales está ligada a una cuerda que se llama entendimiento. Una de las más grandes razones por las que el Pueblo de Cristo no vive en consecuencia de su investidura resulta ser la ignorancia. Amemos a Cristo, escudriñemos su Palabra. Seamos apasionados por Él.

Por supuesto, nadie esperaría que un recién nacido levante pesas en el gimnasio o coma carne seca. Lo más lógico a esperar es que un bebé no sepa agarrar ni siquiera una cuchara. Pero si este fuera el comportamiento cuando ese ser llegue a los quince años, sabríamos que existe algún serio problema.

De igual modo en la vida de fe no podemos esperar que un inmaduro en la fe sea experimentado en la práctica del amor y las buenas obras, o en el ejercicio de sus dones. Por eso el verdadero creyente debe crecer para salvación. Ese crecimiento es en el conocimiento de Dios. Ese conocimiento del Señor, de su voluntad, se centra en las Escrituras.

CAPÍTULO 10

POR QUÉ ES NECESARIA LA FE EN ESTA VIDA

Ya hemos hecho notar que "sin fe es imposible agradar a Dios". No hay ninguna forma de que alguien sin fe pueda vivir piadosamente, amar o hacer alguna cosa que sea agradable a Dios. Es una sentencia definitoria: 'la fe es indispensable a la vida cristiana'. Fue por creer a Dios que Abraham fue hallado justo por *YaHoWaH*. Pero no hay duda alguna de que "la fe procede del Señor".

Aunque Horatius Bonar, en su tratado "No la fe, sino Cristo"[1] casi menoscaba la fe; creo que al final Charles Hodge está en lo cierto cuando escribe:

> "Por cuanto en las Escrituras se le asigna tanta importancia a la fe, por cuanto todas las promesas de Dios se dirigen a los creyentes, y por cuanto todos los ejercicios conscientes de la vida espiritual involucran el ejercicio de la fe, sin la que son imposibles, no es posible sobrevalorar la importancia de esta gracia".[2]

ALGUNOS EJEMPLOS EN LA HISTORIA BÍBLICA

Por todo lo dicho, haré un recuento generalizado de situaciones atribuidas a la fe en las Escrituras que nos ilustrará de manera muy gráfica el por qué es tan necesaria, o mejor, indispensable, la fe al creyente. Claramente, y casi utilizamos una cacofonía aquí, "la fe al creyente".

---

1 *Op. Cit.*
2 Hodge, Charles. Teología Sistemática, Tomó II, pág. 305. (Énfasis mío)

Remarcamos los ejemplos siguientes, al estilo de Hebreos 11:

> Daniel y sus amigos pelearon cuerpo a cuerpo contra las fuerzas del mal. Y aunque determinaron echar a Daniel a la fosa de los leones hambrientos, el Señor lo libró de la boca del león.
>
> Igualmente, aunque Sadrac, Mesac y Abed-Nego fueron echados al horno de fuego por su fe, los terrores de aquel infierno ni siquiera les persuadieron de inclinarse a adorar el gran ídolo de aquel rey persa.
>
> Por la misma fe los apóstoles, aun a pesar de las amenazas regias de los gobernantes de turno, dijeron que no dejarían de hablar en "el nombre de Jesús" aquellas proezas y glorias de las que ellos habían sido testigos.[3]
>
> Fue también por la fe que Felipe al ser apoderado vio el cielo abierto, y en gran compasión pidió al Padre que perdonara a sus asesinos.[4]

Si bien Cristo es el ejemplo incomparable de entrega, fue por la fe que Pablo consideró todo cuanto era humanamente ganancia para los hombres, como pérdida, para ganar a Cristo.

Ha sido por la fe que millones de millones de hombres, mujeres y niños, a coro con aquella lista se Hebreos 11, han sido contadas ya entre la multitud incontable de almas que estarán vestidos de blanco de pie ante el Verbo y el anciano de días cantando la "Sinfonía del Cordero".

---

3 *Ver* Hechos 3-4.
4 *Ver* Hechos 7.

SU NATURALEZA Y PROPÓSITO

ALGUNOS EJEMPLOS EN LA HISTORIA CRISTIANA

Por la fe los restos de John Wycliffe fueron exhumados para ser encendidos en la hoguera por los católicos de la Inglaterra de entonces.

Por la misma fe Jan Hus tuvo que salir de Praga y padecer vituperios, hasta la excomunión en el concilio de Constanza, padeciendo el martirio.

Por esa misma fe Conrad Grebel, Felix Manz, George Blaurock, y todos los reformadores radicales de Suiza tuvieron que ser perseguidos, o encarcelados y hasta sufrir el martirio atroz, incluso bajo el consentimiento del jefe de los reformadores magisteriales de aquel país.

Por la fe Baltasar Hübmaier fue quemado en la hoguera en Viena y su esposa ahogada en el Rin.[5]

Por la misma fe Michael Satler sufrió también el martirio (quemado en la estaca) en Alemania, habiendo sido brutalmente quemado con tenazas candentes y arrastrado por la plaza pública, cortándosele la lengua, y siendo sometido a todo tipo de brutalidad salvaje. Y lo más penoso del caso es que las autoridades y el clero eran zwinglianos, con Zwinglio a la cabeza. Tal intolerancia fue dolorosa. Ojalá y nunca más se repita.

Por la fe, los hombres y mujeres de fe no claudican bajo presión ninguna.[6]

Fue justamente por aquella misma fe que Lutero fue expuesto, incluso, a la misma muerte.

Por esta fe Calvino y Farel tuvieron que huir de Francia y refugiarse en Suiza, y de Suiza a Estrasburgo y regresar después.

Es por esa misma fe que los santos de hoy entendemos que debemos vivir para Dios, aun a costa de nuestras propias vidas. Rechazamos propuestas indecentes, pagamos los impuestos, procuramos vivir piadosamente en todo. Nosotros debemos: "Seguir la paz con todos,

---

5 Considere revisar el libro: Vedder, H. C. "*Balthasar Hübmaier, the Leader of the Anabaptists*".

6 *Ver* los libros: Fox, John "El Libro de los Mártires"; Van Braght, Thielman Jans (1659 d.C), "El Espejo de los Mártires".

y la santidad (piedad), sin la cual nadie verá al Señor".[7]

¿Por qué? Porque por esa misma fe que nos salvó, por la cual también nos mantenemos firmes y victoriosos, esperamos según su promesa, *"cielos nuevos y tierra nueva, en los cuales mora la justicia"*.[8] ¡Aleluya!

Del mismo modo, que la fe nos afirma y fortalece en la esperanza; es justamente así que nos hace cantar y asombrarnos por la gloria manifiesta de Dios en sus obras. No sólo la gloria del Evangelio de la cruz de Cristo, que refiere el plan de Dios para salvarnos, y del cual han surgido millones de poemas, canciones, sinfonías, óperas, obras de teatro, artículos, libros, etc; pero por la fe también puede ser vista la gloria de Dios en la belleza y asombrosa precisión de la basta creación. Oí de la boca de un predicador amigo que "el momento en que dejemos de asombrarnos con las obras de Dios, es justamente porque en ese punto comenzamos a morir". Es la fe la que produce una canción en mi corazón.

Las formas, la dinámica y los colores de las flores, las aves, los insectos, y todas las criaturas, por diminutas que sean, son simplemente asombrosos. La bastedad observable del universo es abrumadora. El despliegue de una aurora cotidiana o boreal debería dejarnos absortos. Los inmensos tamaños astronómicos de las estrellas,[9] así como su poderoso brillo y energía,[10] contrastados con los diminutos seres vivientes que existen en la biodiversidad planetaria, deben ser causa de sublime admiración en el hombre de fe. La habilidad del hombre

---

[7] Hebreos 12.4.

[8] 2 Pedro 3.13.

[9] Como dicen los astrónomos que la tierra cabe 1,300 veces en nuestro Sol (www.legacy.spitzer.caltech.edu), y que una estrella gigante naranja tiene un radio 600 veces mayor que nuestro Sol, y una super gigante roja un radio 1,500 veces mayor que nuestro astro mayor; como, p.ej.: "la estrella VY Canis Majoris es 2,000 veces más grande que el Sol y más de 400,000 veces más luminosa" (ver www.muyinteresante.com.mx/junior/preguntas-y-respuestas/13/03/13/que-tamano-sol/); o, p.ej. Arcturus, que es 100 veces más brillante que el Sol y 20 veces mayor, y esta resulta ser una minúscula estrella comparada con la súper gigante Betelgeuse, una estrella roja brillante, cuyo brillo se estima en 60,000 veces más que el Sol, y cuyo radio es unas 600 veces mayor que nuestro Sol. Y las estrellas súper gigantes rojas son aún más grandes que Betelgeuse. Pueden tener un radio 1500 veces más grande que el de nuestro Sol. (Confirme estos asombrosos datos en el documental titulado: EL DIOS DE LAS MARAVILLAS, en: astps://m.youtube.com/warch?feature=share&v=GZSwddnFAwU)

[10] También se dice que el interior del Sol está a 27,000,000 de grados Fahrenheit, y alrededor de 6,000 grados Celsius en su superficie.

para inventar y crear es pasmosa. Todo eso es el reflejo de la gloria de Dios manifestada. La razón clara debería llevarnos a ver la grandeza y majestad de Dios en todas sus obras.

Una persona sin fe simplemente está muerta en lo que respecta a Dios y los asuntos espirituales. Por eso: "Si no nacieres de nuevo, no puedes entrar en el reino de Dios".[11]

"La justificación por la fe sola es la doctrina mediante la cual la iglesia cae o permanece en pie".[12] Del mismo modo, es esta doctrina mediante la cual tu caes o permaneces en pie. De ahí el mandato y grito de guerra de Judas:

> "*Amados, por la gran solicitud que tenía de escribiros acerca de nuestra común salvación, me ha sido necesario escribiros exhortándoos que contendáis ardientemente por la fe que ha sido una vez dada a los santos*".[13]

---

11 Juan 3.5.
12 Lutero.
13 Judas 3.

ALGUNAS CONCLUSIONES

No creo que haya quedado duda alguna de la centralidad, la primacía y la necesidad de la fe para resolver la cuestión de una correcta cosmovisión de la vida y la práctica cristianas agradables al Altísimo. ¿Se podría acaso exagerar la necesidad e indispensabilidad de la fe en el proceso de la salvación siendo aplicada al pecador, así como a la vida y la esperanza cristianas? Ya Hodge nos contestó esta cuestión diciendo "no es posible", cundo escribió:

> "Por cuanto en las Escrituras se le asigna tanta importancia a la fe… no es posible sobrevalorar la importancia de esta gracia".[1]

La fe bíblica concluye: "Mas el justo por la fe vivirá". El justificado se apropia de la fe para poder "agradar a Dios" en esta vida, vivir en victoria frente al enemigo, y para prever su futuro glorioso, conforme a su esperanza de gloria; de acuerdo a las obras que Dios preparó en la eternidad para que anduviésemos en ellas.

Dicho de otro modo: "Sin fe es imposible agradar a Dios". Del mismo modo, sin fe nadie podría ser justificado, adoptado, santificado ni glorificado. Tampoco podría jamás ser humano alguno disfrutar esta vida en piedad, amor, gozo y esperanza, sin el don del Espíritu que nos fue otorgado por la fe.

La indispensable necesidad de la fe salvadora se entiende puesto que es de carácter obligatoria para Dios poder *relacionarse* con el pecador, relación donde inicia la *redención aplicada*. Por ello, como hace resaltar Albert Mohler en sus elogios al libro de Thomas Schreiner

---

[1] Hodge, Charles. Teología Sistemática. Tomó II, pág. 305. (Énfasis mío)

—*Faith Alone*. "La doctrina en la cual la iglesia se cae o se levante", explica, —"así fue como Lutero describió la doctrina de *la justificación por la fe solamente*". (Énfasis mío). Y replica el Dr. Mohler: "Sin la imputación de la justicia de Cristo que se recibe por la fe solamente, estamos ciertamente sin esperanza ante el Dios santo".[2]

Así que, sobre la fe penden (o cuelgan) todas las doctrinas redentoras en algún orden. Así:

El único camino que salva al pecador es "confiar o creer sólo en Jesucristo" como el único Señor y Redentor.

Creer en las Escrituras y amarlas es la avenida de recesión del Espíritu y la confirmación de que se está en posesión de la vida eterna. La Escritura es el único testimonio verdadero sobre el Cristo de Dios, quien propició la ira del Santísimo contra el pecador y sus pecados, posibilitando así la redención del impío que cree. Este conocimiento se encuentra únicamente en las Escrituras. Y existe una unión indivisible entre el Espíritu y la Palabra hasta el punto de que es imposible la presencia del uno sin la otra, y viceversa.

La sustancia de la fe es impartida como un "don de Dios", *de pura gracia*. Nadie debe jactarse de haber recibido la fe, porque *es Sólo por Gracia, nunca merecida, e imposible de ser comprada* por humano alguno jamás; lo mismo que todas las gracias procedentes de la divinidad.

Nadie puede glorificar a Dios, llamando a Cristo Señor, sino por el Espíritu de Dios, quien es dado al redimido por la fe. Es el Espíritu, a su vez, quien engendra la fe en el receptor del Evangelio.

---

2 Schreiner, Thomas. Faith Alone (*Op. Cit.*)

SU NATURALEZA Y PROPÓSITO

Esta gracia de doble vía aparenta un dilema o una paradoja. Ver el cap. 7 de esta obra para un desenlace amplio de este tema, especialmente la última sección titulada: "la fe y la salvación".[3]

El amor es impartido al creyente por el mismo Espíritu que nos selló al creer (confiar, ejercer la fe) en Jesucristo. La esperanza cristiana misma está puesta en las promesas de Dios dadas en las Escrituras. Es *en* fe, *por* fe y *para* fe. Por tanto, acorde al consenso de las Escrituras y lo más exquisito de la fe evangélica ortodoxa de antaño, podemos concluir como sigue sobre la fe:

La Fe es de principio a fin de naturaleza y procedencia divina.

La Fe es una capacidad y una sustancia espiritual convincente que dirige la voluntad hacia Cristo y la Verdad de Dios revelada, sin requerir ninguna muestra visible al presente.[4]

La Fe es el grupo de doctrinas que comprenden el evangelio de Cristo y todos los actos de Dios, incluyendo las promesas en las que se afianza la esperanza cristiana.[5]

La Fe es un canal, medio, conducto y recipiente del Espíritu de Gracia a través del cual se reciben todas las bendiciones espirituales, pues nos conecta a Dios y sus beneficios como conecta el cordón umbilical a una madre con su feto (haciéndonos participantes de la naturaleza divina y las bendiciones del cielo).[6]

---

3 Consulte la pág. 142 de esta obra.
4 *Conf.* He 11.1, 2; 1 Co 2.14-17; Gal 3.23, 24; Efe 3.17; Tito 1.1; Filemón 6; Hebreos 4.2.
5 Judas 3.
6 *Ver* He 11.1-11; Ro 4; 5.2; Ro 12.3.

La Fe es un don del Espíritu Santo que se engendra en el elegido en la regeneración, la cual capacita al escogido para ver, entender, oír, amar y seguir a Cristo como su Amo y Señor, Dueño, Salvador, Sumo Sacerdote y Dios.

La Fe es la esencia y raíz de la *fidelidad*. Esto fue desarrollado en el cap. 2 de este libro.

La Fe se presenta, además, como un don extra del Espíritu a ciertos creyentes.[7] Aparentemente la Fe sufre grados y embates, a la vez que es susceptible de ser debilitada o fortalecida; si bien, por más minúscula que sea, si la Fe es salvadora, conduce a la salvación del pecador.[8]

La Fe tiene cierta exclusividad, pues: "*La fe no es de todos*".[9] La Fe es una obra de Jesucristo, quien es el autor de ella. Del mismo modo que la fe que salva debe esta puesta "Sólo en Jesucristo".[10]

La Fe es un escudo contra los ataques del diablo y los enemigos de la fe que batallan contra el creyente.[11]

Por estas y otras razones, todas de índole salvadora, entendemos que la necesidad de entender la fe es de carácter indispensable para que los pecadores podamos comprender mejor la gran obra de salvación que Dios gestó en la eternidad, que consumó en el sacrificio expiatorio de Cristo en la cruz, y que aplica a los pecadores por su Espíritu de Gracia y Sabiduría en el contexto de la predicación del Evangelio de Jesucristo. De nuevo, hay una simbiosis indivisible entre el Espíritu y la Palabra. Fue así en la obra de la creación (ver Génesis 1), como en

---

7 1Corintios 12.9.
8 *Conf.* Mat 13.20; Lu 17.6.
9 *Ver* 2 Tesalonicenses 3.2.
10 Filipenses 3.9.
11 Efesios 6.10-17.

la obra de la regeneración.

Pregunto de nuevo: ¿Podría acaso, en algún ápice, ser exagerada la importancia y la necesidad del don de la fe?

El Señor tenga a bien el bendecir este estudio sobre una doctrina tan central en la revelación divina.

Mi oración es que el Señor despierte y aumente la fe en ti y la refine más y más en nuestro entendimiento cada día hasta que despertemos en gloria.

¡A Dios sea dada la gloria en la iglesia y en todo lugar, por los siglos de los siglos!

¡Amén!

BIBLIOGRAFÍA GENERAL

El Evangelio de la Gracia de Dios. © Chaple Library. Ed. Digital, Versión Kindle.

Akin, Daniel (Editor). *A Theology for the Church*. © BH, 2014, Revised Edition.

Arocha, Oskar E. Dios Salva Pecadores. © Poiema publicaciones, 2016.

Berkhof, Louis. Historia de las Doctrinas Cristianas. © 1994, El Estandarte de la Verdad.

Berkhof, Luis. Teología Sistemática. © Clie. 1949.

Broadbent, E. H. La Iglesia Peregrina. © 2005 Publicaciones Lampara y Luz, segunda impresión 2007. Impreso en USA.

Calvino, Juan. Institución de la Religión Cristiana, Tomo I. © FeLiRé.

Cerni, Ricardo. Historia del Protestantismo. © Estandarte de la Verdad, 1995.

Clemente, Epístola a los Corintios. http://cafaalfonso.com.ar/objetos/clemente_romano.pdf

Confesión de Fe de Westminster.

Confesión Bautista de Fe de Londres de 1689.

El Libro de Confesiones. Iglesia Presbiteriana EUA.

Estep, W. R. Revolucionarios del Siglo XVI. © CBP,1975.

Fliedner, Federico. Martín Lutero: Emancipador de la Conciencia. 8va Edición. © CLIE, 1980.

Garrett, James L. Teología Sistemática. Tomo II. © CBP, 1996.

Grudem, Wayne. Doctrinas Cristianas. © 2005 Editorial Vida.

Heisey, D. Eugenio. Mas Allá del Protestantismo. © 2011, Pub. La Merced. Costa Rica.

Hobs, Herschel H. *What Baptist Believe.* © Broadman Press. 1964.

Hodge, Charles. Teología Sistemática, a dos Tomos. Ed. CLIE.

Lacueva, Francisco. Doctrinas de la Gracia. © 1975, CLIE. Curso de Formación Teológica Evangélica.

Los Cánones de Dort. © FeLiRé.

Lindsay, T. M. La Reforma en su Contexto Social. © Clie.

Lutzer, Erwin W. *Rescuing the Gospel.* © Baker Books, a division of Baker Publishing Group, 2016.

Murray, John. La Redención Consumada y Aplicada. © 1993, Ed. Clie.

Muy Interesante (revista), formato digital en http://www.muyinteresante.com.mx.

Nichols, Greg. Curso: "The Doctrine of Christ", from the Reformer Baptist Theological Seminary, California, USA.

Núñez, Miguel. Enseñanzas que Transformaron al Mundo. © *2016* por Miguel Núñez. B&H Publishing Group.

Packer, J. I. Hacia el Conocimiento del Dios Santo. © Logoi. 1991.

Packer, J. I. Teología Concisa. © Unilit. Primera Ed. 1998.

Pink, A. W. La Fe Salvadora. Un folleto traducido de la segunda parte del libro de este autor: Estudios Sobre la Fe Salvadora.

Piper, John. ¡Alégrense las Naciones! La Supremacía de Dios en las Misiones. CLIE, 2008.

Piper, John. *Andrew Fuller: Holy Faith, Worthy Gospel, World Mission.* © 2016 by Desiring God Foundation. Published by Crossway.

Schreiner, Thomas. *Faith Aloe ¾the doctrin of justification.* © Zondervan, 2015.

Segunda Confesión Helvética.

Sproul, R. C. El Ministerio del Espiritu Santo. © 1990. Tyndale House Publishers. Versión en español trad. por Cristian J. Morán.

Sproul, R. C. ¿Qué es la Fe? Preguntas Cruciales No. 8. Reformación Trust.

Spurgeon, C. H. "Totalmente por gracia (Spanish Edition)".

Cap. 8. © Chapel Library. http://a.co/4XJnclm

Stott, John R. W. La Cruz de Cristo. Ediciones Certeza. © John R. W. Stott. 1a edición 1986.

Van Braght, Thielman Jans. "El Espejo de los Mártires". Publicado por: www.laiglesiaprimitiva.com. Setiembre del 2010, Lima-Perú.

Vedder, H. C. *Balthasar Hübmaier, the Leader of the Anabaptists*. G. P. PUTNANM'S SONS, NY (THE KNICKERBOCKER PRESS), 1905.

Waldrom, Sam. Exposición de la Confesión Bautista de Fe de 1689. © Evangelical Press, 1997.

Encyclopedia Britannica. © 2018 by Encyplopedia Britannica inc.

Christian History Institute, Inc. (www.christianhistoryinstitute.org)

DOCUMENTALES

Whitcomb, John. Documental: "EL DIOS DE LAS MARAVILLAS".
https://m.youtube.com/warch?feature=share&v=GZSwddnFAwU

Más *de la* Serie
ESTUDIOS TEOLÓGICOS & BÍBLICOS

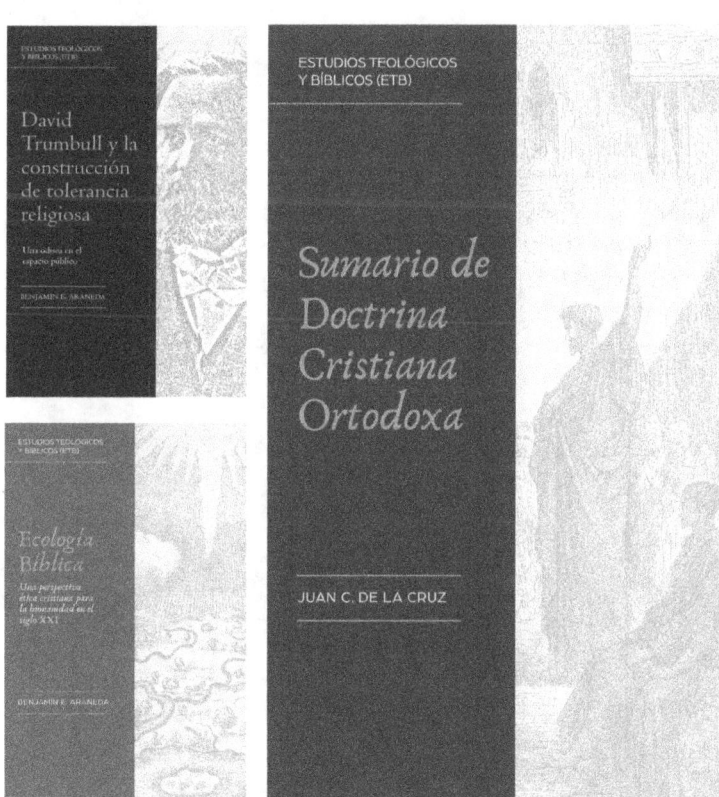

Estudios Teológicos y Bíblicos es una serie de libros que explora temas teológicos actuales y relevantes. Escritos por pastores y expertos, estos libros ofrecen análisis profundos y reflexiones sobre la fe y su impacto en la sociedad moderna.

Novedades *de*
RICHARD A. MULLER

Richard Muller ha emprendido este estudio exhaustivo de doctrinas específicas para demostrar cómo se desarrolló la doctrina en el período protestante temprano.

Próximamente la mejor obra *de*
HERMAN BAVINCK

La Dogmática Reformada de Herman Bavinck, **en cuatro volúmenes**, es una de las obras teológicas más importantes del siglo XX. Estos cuatros volumes completos presenta la mejor teología reformada holandesa jamás escrita.

Nuestra meta es equipar a cada creyente con literatura de un *sólido* contenido bíblico que le permita profundizar en la Palabra de Dios y crecer en la madurez cristiana.

Síguenos en redes sociales
como **@montealtoes**

Puedes *adquirir* nuestros libros en:
www.montealtoeditorial.com

www.ingramcontent.com/pod-product-compliance
Lightning Source LLC
LaVergne TN
LVHW011938070526
838202LV00054B/4712